LEBE DEIN LEBEN GLÜCKLICH, ENTSPANNT UND FREI!

Barbara Michaela Hux

Bibliografische Information der Deutschen
Nationalbibliothek: Die Deutsche Nationalbibliothek
verzeichnet diese Publikation in der Deutschen Na-
tionalbibliografie; detaillierte bibliografische Daten
sind im Internet über http://dnb.dnb.de abrufbar.

Herstellung und Verlag:
BoD – Books on Demand, Norderstedt

ISBN: 978-3-7519-4400-7

INHALTSVERZEICHNIS

HINWEISE

Dieses Buch richtet sich vor allem an Menschen, die einerseits noch keinerlei Erfahrung mit Beratung und Therapie gemacht haben und andererseits aber aktuell Hilfe und Unterstützung benötigen. Es ersetzt dennoch an keiner Stelle die Untersuchung und die Behandlung beim Arzt oder Therapeut.

Die zahlreichen Übungen und Aufgaben sollen daher eine erste praktische Hilfestellung darstellen, sind aber an keiner Stelle als therapeutische Anweisung zu verstehen.

Die vielen, in diesem Buch enthaltenen, Fallbeispiele sollen dem Leser den Ablauf von Beratung bzw. Therapie plastisch machen.

Zur besseren Lesbarkeit verzichte ich ganz bewusst auf die gleichzeitige Verwendung von männlicher und weiblicher Sprachformen.

VORWORT

Wie immer im Leben gibt es keine Zufälle!

Inspiriert durch den wiederholten Todestag meiner Mutter, der mich nach all den Jahren immer noch tief berührt, verwirkliche ich hier und jetzt meinen langjährigen Traum endlich ein Buch zu schreiben.

Jetzt werden Sie sich sicher fragen, warum die Welt noch ein Buch zum Thema Glück, Freiheit und Entspannung braucht? Vielleicht haben Sie schon viele von diesen Ratgebern gelesen, nur verändert hat sich bei Ihnen nicht wirklich viel? Vielleicht fühlen Sie sich weder entspannt noch frei und in keinem Fall glücklich? Vielleicht haben Sie sich mittlerweile »mit den Umständen arrangiert«, wie man so schön sagt?

Mein Name ist Barbara Michaela Hux, ich bin Erzieherin, Heilpädagogin und Heilpraktikerin für Psychotherapie. Seit 2002 führe ich in Bodolz/Lindau am Bodensee eine Praxis für Psychotherapie nach dem Heilpraktikergesetz.

Meine Praxisschwerpunkte sind neben der Heilhypnose und der systemischen Aufstellungsarbeit die Burn-out-, Mobbing- und Paarberatung.

Ich unterrichte seit vielen Jahren an der Deutschen Paracelsus Schule in Lindau im Fachbereich »Heilpraktiker für Psychotherapie« und gebe dort Seminare zu den Themen Heilhypnose, Aufstellungsarbeit, Stressbewältigung durch Achtsamkeit, Mobbing-Beratung und Entspannungstraining für Kinder und Jugendliche.

Darüber hinaus verfüge ich über jahrelange Erfahrung in der Seminararbeit als Trainerin für Stressmanagement und Raucherentwöhnung in den unterschiedlichsten Firmen.

Wenn Sie wollen, nehme ich Sie jetzt mit auf eine Reise. Sollten Sie am Ende dieses Buches wieder ein wenig mehr bei sich angekommen sein, würde mich das sehr freuen!

Ihre Barbara Michaela Hux

Achte gut auf diesen Tag,
denn er ist das Leben -
das Leben allen Lebens.
In seinem kurzem Ablauf
liegt alle Wirklichkeit
und Wahrheit des Daseins.
Die Wonne des Wachsens,
die Größe der Tat.
Die Herrlichkeit der Kraft -

denn das Gestern ist nichts als ein Traum
und das Morgen nur eine Vision.
Das Heute jedoch - recht gelebt -
macht jedes Gestern
zu einem Traum voller Glück
und jedes Morgen
zu einer Vision voller Hoffnung.

Drum achte gut auf diesen Tag!
Aus dem Sanskrit

WAS IST EIGENTLICH GLÜCK?

Ich bin davon überzeugt, dass wir alle immer auf der Suche nach Glück sind. Vielleicht ist es gar der eigentliche Sinn unseres Lebens: das Streben nach Glück.

Sind Sie jetzt in diesem Moment glücklich?

Halten Sie kurz inne, schließen Sie bitte Ihre Augen und spüren Sie in sich hinein.

Was fühlen Sie? Welche Gefühle oder Bilder steigen in Ihnen vielleicht nach oben? Wenn Sie jetzt in diesem Moment glücklich sind, dann fühlt sich Ihr Geist und Ihr Leib vielleicht ganz leicht und frei an, und Sie empfinden eine wunderbare Ruhe, Zufriedenheit und Dankbarkeit. Wie sagt man so schön: »Das Glück kann man nicht festhalten«. Wie wahr, aber man kann es immer wieder aufs Neue erleben und spüren.

Ich persönlich empfinde Glück, wenn ich mich entfalten kann, wenn ich frei bin, mich selbst verwirklichen kann. Dann bin ich glücklich.

Was macht Sie glücklich? Wer macht Sie glücklich? Was brauchen Sie zum Glück?

Wir alle sind unser Leben lang auf der Suche nach Glück und immer wieder suchen wir aufs Neue unser Glück im Außen und nicht selten geht das auf Dauer leider schief.

Kennen Sie das?

- Sie träumen ein Leben lang von einem eigenen Haus, doch wenn Sie es endlich nach vielen Mühen haben, müssen Sie feststellen, dass es Sie gar nicht glücklich macht. Sie sind enttäuscht und fühlen sich um Ihr Glück betrogen.

- Sie lernen einen wunderbaren Mann kennen, Sie verlieben sich, der Himmel hängt voller Geigen, Sie heiraten, Sie bekommen Ihr erstes Kind. Dann stellen Sie fest, dass Sie sich als frischgebackene Mutter mit Ihrem Kind überfordert fühlen, die Arbeit fehlt Ihnen und Sie fühlen sich nur müde, ausgelaugt und einsam.

- Sie beginnen gleich nach Ihrer Ausbildung eine neue Stelle, Sie sprühen nur so vor Tatendrang, haben unzählige Ideen, fühlen sich von allen im Team herzlich aufgenommen, doch irgendwann wendet sich die Stimmung. Sie fühlen sich immer mehr abgelehnt, isoliert und sind völlig unglücklich!

In all diesen Beispielen und in vielen weiteren, die ich immer wieder in meiner Praxis gehört habe, machen wir unser Glück im Außen fest. Damit sind wir und unser Glücklichsein aber auch abhängig vom Verhalten unseres Partners, von der Wertschätzung unseres Chefs oder auch der Liebe und Anerkennung durch unsere Mutter oder unseren Vater. Und diese Abhängigkeit macht nicht glücklich, sie macht unfrei, und zutiefst unglücklich.

Was heißt das jetzt für uns alle, die wir uns immer wieder auf den Weg machen, unser Glück zu suchen?

- Solange wir unser Glück an materiellen Dingen festmachen, werden wir nicht glücklich.

- Solange wir andere dafür verantwortlich machen, uns glücklich zu machen, werden wir nicht glücklich.

- Solange wir nur um uns und um unsere Befindlichkeiten kreisen und uns nicht auch um andere kümmern, werden wir nicht glücklich.

Wie sagt Albert Schweizer so schön: »Glück ist das einzige, das sich verdoppelt wenn man es teilt!«?

Nehmen Sie es jetzt und heute selbst wieder in die Hand, sich selbst glücklich zu machen, hören Sie bitte sofort auf, dies nach außen zu delegieren. Bitte erwarten von Ihrem Partner nicht mehr, dass er weiß, was Sie wollen und vor allem brauchen, um wirklich glücklich zu sein. Seien Sie versichert: er weißt es nicht; er kann es gar nicht wissen.

Leben Sie Ihr Leben und machen Sie Ihre Träume endlich wahr. Und wenn Sie vor lauter Anpassung an die Wünsche des Partners, des Chefs oder der Familie gar nicht mehr wissen, wer Sie eigentlich sind und was Sie eigentlich wollen, finden Sie es jetzt wieder heraus und beginnen Sie jetzt in diesem Moment damit. Ich verspreche Ihnen, es lohnt sich.

Aus eigener Erfahrung kann ich Ihnen sagen, wie ich hier an diesem Buch, das irgendwann den Weg zu

Ihnen finden wird, schreibe, bin ich glücklich. Es ist genau das, was ich tun möchte und dies jetzt zu tun, setzt bei mir ganz viel positive Energie frei.

»Jeder ist selbst seines Glückes Schmied«, so heißt es doch in einem weisen alten Deutschen Sprichwort. Seien auch Sie selbst wieder Ihr eigener Schmied und übernehmen Sie ab sofort wieder die Verantwortung, sich selbst glücklich zu machen.

Beginnen Sie damit, Ihr eigenes selbstbestimmtes und freies Leben zu führen. Wenn Sie auf dem richtigen Weg sind, werden Sie vom Leben die Rückendeckung erhalten, die Sie brauchen. Und lassen Sie sich auf Ihrem neuen Weg nicht von kleinen Stolpersteinen aufhalten, denn die gehören dazu. Sie werden sehen, es lohnt sich auf jeden Fall.

Und dieses Glück, das Sie dann immer ausstrahlen, egal ob beim Autofahren, beim Einkaufen, bei der Arbeit, kommt unweigerlich zu Ihnen zurück!

GLÜCKLICH DURCH DANKBARKEIT

Wir alle sehen immer wieder nur die Probleme und Schwierigkeiten, die uns natürlich in unserem Alltag begegnen und übersehen dabei leicht die vielen positiven Ereignisse, die auch jeder Tag mit sich bringt. Unsere Wahrnehmung ist nicht objektiv, sondern subjektiv, d.h. unsere innere geistige Einstellung färbt unsere Wahrnehmung und das, auf was wir unsere Wahrnehmung ausrichten, verändert sich, wird größer, bedeutender, bis wir oft nur noch das sehen, was wir sehen wollen.

Oft, allzu oft, übersehen wir leider dabei all das, was wir schon haben und für was wir jeden Tag dankbar sein sollten und machen uns in Folge durch unsere Undankbarkeit und unsere negative, innere Einstellung auch das noch kaputt. Wir wundern uns darüber, dass das Glück uns scheinbar verlässt. Tut es nicht, wir verlieren es durch unsere innere, negative Einstellung.

Dankbarkeit ist eine wunderbare innere Haltung, die uns hilft, all das Positive um uns herum immer wieder neu zu sehen. Wenn wir diese innere Haltung durch tägliches Üben nach und nach wieder neu entwickeln, verändern wir damit nachhaltig unsere Wahrnehmung und ziehen in Folge noch mehr in unser Leben, für was wir wiederum dankbar sein dürfen.

Ich bin mir ganz sicher, es gibt auch in Ihrem Leben ganz viel, wofür Sie dankbar sein könnten, auch wenn Sie dies jetzt in diesem Moment nur nicht sehen!

- Vielleicht sind Sie gesund?
- Vielleicht haben Sie eine Stelle, die Sie erfüllt?
- Vielleicht haben Sie einen Menschen, der Sie liebt?
- Vielleicht haben sie ein Dach über dem Kopf und jeden Tag genug zum Essen, was so viele Menschen auf der Welt nicht haben. Dann sind Sie doch dankbar dafür.

KURZE MEDITATIONSÜBUNG

Bitte setzen Sie sich bequem hin, schließen Ihre Augen und lassen Ihren Atem einige Male ganz ruhig ein und wieder ausströmen.

Spüren Sie, wie eine ganz angenehme Ruhe langsam in Ihren Körper einzieht. Es gibt nichts zu tun, einfach atmen, nur atmen, einfach atmen.

Dann richten Sie bitte Ihre Aufmerksamkeit auf einen schönen Moment in Ihrem Leben, für den Sie dankbar sein dürfen. Lassen Sie sich Zeit. Ich bin mir ganz sicher, Ihnen fällt gleich ein solcher Moment ein, egal wann in Ihrem Leben, dieser auch war. Jetzt ist er da?

Dann gehen Sie ganz in diesen Moment hinein und spüren in sich hinein.

Beobachten Sie bitte:

Wie geht es Ihrem Körper dabei, Ihrem Gesicht? Müssen Sie vielleicht sogar lächeln? Bleiben Sie noch für einen Moment ganz in diesem Gefühl und genießen es.

Wenn Sie genug haben, atmen Sie bitte ein paar Mal kräftig ein und wieder aus. Ballen Sie Ihre Hände zu Fäusten und bringen Sie sie dreimal mit Schwung an die Schulter: 1-2-3.

Dann öffnen Sie bitte wieder Ihre Augen. Sie sind wieder wach und frisch im Hier und Jetzt!

Was haben Sie gespürt? Und wie geht es Ihnen jetzt?

Natürlich macht die Dankbarkeit, die Sie vielleicht in diesem Moment plötzlich gespürt haben, Ihre aktuellen Probleme nicht ungeschehen, aber es relativiert vieles. Es nimmt den Druck aus der Sache, verschafft Ihnen so den so nötigen Abstand zu Ihren ganz aktuellen scheinbar unlösbaren Problemen und zieht vermehrt Dinge in Ihr Leben, für die Sie jeden Tag aufs Neue dankbar sein dürfen.

TÄGLICHE ÜBUNG DER DANKBARKEIT

Ich habe es mir zur täglichen Angewohnheit gemacht, immer abends im Bett den Tag zu überdenken und für alles zu danken, was ich an Schönem erleben durfte. Das kann ein Lachen sein, ein Sonnenuntergang auf dem Bodensee oder ein spontaner Besuch eines lieben Menschen.

Machen auch Sie es sich doch auch zur Angewohnheit sich in der täglichen Dankbarkeit zu üben. Sie werden sehen: Es verändert total Ihren Blickwinkel und es macht Sie glücklich.

ACHTSAMKEIT – EIN WEG ZUM GLÜCK

»Achtsamkeit ist eine absichtslose und nicht urteilende Aufmerksamkeit im gegenwärtigen Moment«.[1]

Der Molekularbiologe Jon Kabat-Zinn gilt als der Vater der modernen Achtsamkeitspraxis in den westlichen Kulturen. *»Stressbewältigung durch Achtsamkeit«* ist eine anerkannte Methode zur Stressreduktion und verspricht mehr Zufriedenheit und Freude im Leben. Das Konzept der Achtsamkeit stammt aus dem Buddhismus, in dem Meditation eine große Rolle spielt. Die Achtsamkeit ist eine Haltung, die allen Mediationen zu Grunde liegt.

Gerade eben schleicht meine Katze liebevoll um mein Laptop, spaziert über meine Tastatur und ja, sie hat recht: ich sollte jetzt eine Pause machen. Machen auch Sie Pausen? Nein? Haben Sie dazu keine Zeit? Fühlen Sie sich trotzdem ständig unter Zeitdruck, gestresst und überfordert? Dann neigen Sie sicher dazu, die schönen Seiten des Lebens immer weniger wahrzunehmen. Diese Tatsache ist inzwischen sogar wissenschaftlich nachgewiesen. Da unsere Wahrnehmung, wie wir schon erfahren haben, nie objektiv, sondern immer immer subjektiv ist, sehen wir dann immer mehr das, auf was wir unsere

---

1   Jon Kabat-Zinn

Aufmerksamkeit richten – und das sind oft eher unsere Probleme und Schwierigkeiten – und schlittern immer mehr in eine Negativspirale hinein.

Stress ist ein Phänomen der heutigen modernen Zeit und keiner kann sich dem vollständig entziehen. Die Ursachen und die Folgen von Stress sind landläufig bekannt. Das Burn-out-Syndrom, die Diagnose zum Thema Stress – früher besser bekannt als chronischer Erschöpfungszustand – ist leider in aller Munde. Und doch gibt es Unterschiede: der eine bricht unter der kleinsten Belastung regelmäßig zusammen, der andere ist erstaunlich stabil und verkraftet lange andauernde Belastungen ohne große Probleme.

Gesund ist der Stress heute im Privat und Berufsleben für niemanden und genau hier kommt die Achtsamkeit ins Spiel. Falsche Wahrnehmungen, falsche Annahmen sind nahezu in jedem von uns vorhanden und sie formen eine Art Schleier, der es uns sehr oft unmöglich macht, das, was direkt vor uns ist, zu sehen. Wir handeln oft in Folge unserer inneren Überzeugung, die aber nur unsere gefärbte subjektive Wahrheit ist. Und so entstehen Konflikte: wir fühlen uns unverstanden, abgelehnt, einsam oder ausgenutzt und schießen zurück. Ein Ende von all dem ist nicht in Sicht.

DIE GESCHICHTE MIT DEM HAMMER

Ein Mann will ein Bild aufhängen. Den Nagel hat er, aber nicht den Hammer. Der Nachbar hat einen.

Also beschließt unser Mann hinüberzugehen und ihn auszuborgen. Doch da kommt ihm ein Zweifel: »Was wenn der Nachbar mir den Hammer nicht ausleihen will? Gestern grüßte er mich nur flüchtig. Vielleicht war nur in Eile. Aber vielleicht war die Eile nur vorgeschützt, und er hat was gegen mich. Und was? Ich habe ihm nichts getan; der bildet sich da was ein. Wenn jemand von mir ein Werkzeug borgen wollte, ich gäbe es ihm sofort. Und warum er nicht? Wie kann man einem Mitmenschen einen so einfachen Gefallen abschlagen? Leute wie dieser Kerl vergiften einem das Leben. Und dann bildet er sich noch ein, ich sei auf ihn angewiesen, bloß, weil er einen Hammer hat. Jetzt reicht's mir wirklich!«. So stürmt er hinüber, läutet, der Nachbar öffnet, doch bevor er »Guten Tag« sagen kann, schreit ihn unser Mann an: »Behalten Sie Ihren Hammer, Sie Rüpel!«[2].

Natürlich ist dies nur eine Geschichte, aber ich bin mir ganz sicher, auch wenn Sie jetzt schmunzeln müssen, Sie kennen solche Situationen, habe ich recht?

- Das Üben von Achtsamkeit bedeutet, eine Geisteshaltung zu erlernen, die offen ist für alles, was sich zeigt, ohne Bewertung.
- Das Üben von Achtsamkeit bedeutet, das Entwickeln von Güte zu sich selbst und zu anderen, ohne Abwertung.

---

2 Aus Watzlawick, 1988, Anleitung zum Unglücklichsein

- Das Üben von Achtsamkeit bedeutet, die Bereitschaft sein inneres Mitgefühl auszuweiten, zu sich und zu anderen, ohne Verurteilung.
- Das Üben von Achtsamkeit schenkt uns dann in Folge Weisheit, Glück und Frieden.

DIE GRUNDHALTUNGEN DER ACHTSAMKEITSPRAXIS[3]

- Nicht-Urteilen

Wie schnell sind wir immer dabei das Verhalten anderer oder unser eigenes zu be- und verurteilen? Doch was maßen wir uns da eigentlich an? Wissen wir, warum ein Kollege in dem Moment so und nicht anders sich verhält? Heißt das, nur weil er einen Fehler macht, dass er dumm oder inkompetent ist oder gar psychische Probleme hat. Oder macht er einfach nur einen Fehler, der auch uns jederzeit passieren könnte?

Achtsam zu sein, heißt hier, die eigenen Urteile und die Urteile anderer zu erkennen und in Folge zu vermeiden. Werden Sie bitte milder mit sich bzw. mit anderen und denken Sie immer daran: Jeder macht in jedem Moment genau das, was seinen Möglichkeiten entspricht.

- Geduld

Wer kennt den Spruch nicht: »Lieber Gott schenke mir Geduld, aber bitte sofort!«? Wir alle möchten im-

---

3   Nach Jon Kabat-Zinn

mer wieder aufs Neue irgendwo hinkommen, wo es scheinbar besser ist, als da wo wir gerade sind und wir werden schnell ungeduldig, wenn es nicht so schnell geht, wie wir es uns gerade wünschen. Wachstum, vor allem auch inneres Wachstum, braucht aber Zeit. Reifung braucht auch Zeit und es ist wenig hilfreich, am Grashalm zu ziehen: er wächst nicht schneller, man reißt ihn im schlimmsten Fall nur noch aus.

Das tagtägliche Üben von Geduld ermöglicht es uns, ganz im Hier und Jetzt zu bleiben und ist zudem eine wunderbare Vertrauensübung in den Fluss des Lebens. Glauben Sie mir, ich weiß von was ich rede: Geduld zählt immer noch nicht zu meinen Kernkompetenzen, aber ich arbeite daran.

- Anfängergeist

Die meisten Menschen, die irgendwann mit der Praxis der Achtsamkeit begonnen haben zu üben, erinnern sich noch Jahre später an den Anlass, der sie damals zu den Übungen der Achtsamkeit hingezogen hat. Bei dem Einen waren es bestimmte Lebensumstände, bei dem Anderen waren es Gefühle. Die Kunst beim Durchführen der Achtsamkeit ist es jetzt, sich die Offenheit des Anfängers zu erhalten. Das meint man mit »Anfängergeist«.

- Vertrauen

Die vierte Haltung im Achtsamkeitstraining ist das Vertrauen. Aber kann ich meinem Körper einfach so wieder vertrauen, auch wenn er schon einmal schwer krank war? Oder kann ich vertrauen, dass in mir immer mehr gesund, als krank ist? Kann ich ein Leben voller Vertrauen führen, auch wenn ich nicht weiß, was die Zukunft bringt? Vertrauen zu üben, heißt manchmal ganz pragmatisch, die Kontrolle aufzugeben und loszulassen.

- Nicht-Streben

Nicht-Streben bedeutet im Hier und Jetzt zu leben und dies mit allen Sinnen zu genießen. Jetzt in diesem Moment müssen wir nichts tun. Wir müssen nichts erreichen. Einfach nur ganz bewusst diesen Moment erleben.

EINE ACHTSAMKEITSÜBUNG:
DIE ROSINENÜBUNG VON JON KABAT-ZINN

Nehmen Sie eine Rosine in die Hand.

Betrachten Sie in aller Ruhe die Rosine, wie sieht sie aus?

Halten Sie die Rosine an Ihre Nase, nach was riecht die Rosine und an was erinnert Sie vielleicht ihr Duft?

Halten Sie die Rosine an Ihr Ohr und drücken Sie die Rosine. Was hören Sie?

Beißen Sie ein kleines Stück ab. Wie schmeckt die Rosine? An was erinnert Sie der Geschmack der Rosine?

Beißen Sie nochmal ein Stück ab. Ändert sich etwas im Geschmack?

Nehmen Sie jetzt die ganze restliche Rosine in den Mund und kauen Sie ganz langsam und schlucken am Schluss die Reste der Rosine.

Eine interessante Übung nicht wahr? Wann haben Sie sich zuletzt so viel Zeit beim Essen gelassen und gleichzeitig dafür so viel gespürt?

Nehmen Sie sich in Zukunft mehr Zeit bei allem, was Sie tun. Jede einzelne Aufgabe am Tag könnten Sie zur Achtsamkeitsübung machen. Das fängt schon beim Zähneputzen am Morgen an. Laufen Sie auch von Zeit zu Zeit mit der Zahnbürste durch die Wohnung und verteilen in schöner Regelmäßigkeit die Zahnpasta auf Ihrem Boden? Nein? Ich schon und auch ich muss mich immer wieder regelrecht dazu auffordern, vor dem Spiegel stehen zu bleiben und nichts anderes zu tun, als das, was ich gerade tue: Zähne putzen!.

Sie könnten aus dem Weg zur Arbeit eine tägliche Achtsamkeitsübung machen, in dem sie im Hier und Jetzt bleiben: einfach einen Fuß vor den anderen setzen und atmen, einfach atmen! Oder Sie könnten ab heute achtsam Auto fahren und nicht parallel auf

Ihr Smartphone schielen, was ja auch nebenbei gesagt, auch sehr gefährlich und daher verboten ist.

Es ist egal, ob neue Studien jetzt herausgefunden haben, dass auch Männer Multitasking fähig sind und nicht nur wir Frauen. Es ist und bleibt ungesund und Sie nehmen nie ganz wahr, was Sie gerade tun. Und vor lauter Arbeit bekommen Sie vielleicht gar nicht bewusst mit, wie ihr Kind den ersten Schritt tut und danach ist dieser einzigartige Moment für immer und ewig vorbei.

Nehmen Sie doch ab heute Ihr Leben wieder in all seinen Facetten bewusster wahr. Leben Sie wieder mehr im Hier und Jetzt. Und wenn Sie jetzt gerade unglücklich sind und verzagt, dann sind Sie bitte auch da achtsam zu sich selbst. Fragen Sie sich liebevoll, was sie gerade brauchen. Vielleicht brauchen Sie ein Gespräch mit einem Freund, einer Freundin? Dann rufen Sie da jetzt an oder Sie brauchen einen langen Sonnenspaziergang. Dann tun Sie das, sobald es geht!

Veränderung zulassen – Ein weiterer Weg zum Glück

Wir sind alle Gewohnheitstiere. Wir möchten gerne, dass alles es so bleibt, wie es ist. Veränderung macht Angst. Der Aufbruch ins Ungewisse macht natürlich auch Angst, denn wir wissen nie, wie es wird. Darum und nur darum bleiben wir an einer Stelle, die uns nicht mehr erfüllt, in einer Beziehung, die uns schadet oder in einer Stadt, die uns die Luft zum Atmen nimmt.

Ein großer Lehrer von mir meinte einmal in einer Supervisions Stunde: »Der Mensch entwickelt sich nur in der Notwendigkeit, wenn er mit dem Rücken zur Wand steht und nicht dann, wenn alles glatt läuft«. Er hatte damals und er hat auch heute recht.

Ich hatte schon viele Klienten in meiner Praxis, die aufgrund von Beziehungsproblemen zu mir kamen und gleich im Aufnahmegespräch flossen die Tränen aus den unterschiedlichsten Gründen. Gemeinsam war allen, dass diese Beziehung, so wie sie seit Jahren lief, sie nicht nur nicht glücklich, sondern völlig unglücklich machte und dennoch harrten sie dort aus und suchten die Schuld meistens auch noch bei sich selbst.

Alle hatten ein erschreckend niedriges Selbstbewusstsein und Angst. Und diese Angst lähmt meist so, dass ein Handeln unmöglich wird. Sie alle bräuchten mehr Selbstliebe und den Mut, für sich selbst einzustehen und sich auf eine Veränderung einzulassen.

Ich hatte vor vielen Jahren eine junge Klientin, die auf Empfehlung zu mir kam. Gleich im Aufnahmegespräch flossen heftig die Tränen, denn, obwohl sie den Mann liebte, mit dem sie seit Jahren zusammen war, machte es sie völlig unglücklich, dass Ihr Freund sie nicht heiraten wollte.

Ich spürte ihren Leidensdruck und ihr Schicksal rührte mich sehr. Daher vereinbarten wir auf ihren Wunsch in Folge einen ersten Hypnosetermin. Die Wiese als Symbol aus dem Katathymen Bilderleben benutze ich gerne als leichten Einstieg in die analytische Hypnose und ihre Hypnose war sehr unterkühlt. Auf der Wiese kam niemand, obwohl sie sich das so wünschte und auch da flossen danach wieder die Tränen und die junge Klientin ging sehr nachdenklich nach Hause.

Zwei Wochen später trafen wir uns zu einem Gesprächstermin wieder und da spürte ich schon, dass mit ihr eine Veränderung vor sich gegangen war. Sie wirkte selbstsicherer und freier und sie wünschte sich für den dritten Termin bei mir eine zweite Hypnose und ich willigte gerne ein.

Zu Beginn des dritten Termins auf meine Frage, wie es ihr ginge, meinte sie lächelnd »Gut« und streckte mir ihre Hand entgegen, an der ein wunderschöner Ring funkelte, ihr Verlobungsring. Ihr Freund, der nichts von den Inhalten der ersten Hypnose bei mir wusste, hatte ihr nach ihrem zweiten Termin bei mir einen romantischen Heiratsantrag gemacht und sie schwebte im siebten Himmel.

Aber sie erzählte mir auch mit erstaunlicher Klarheit und gestiegenem Selbstbewusstsein in dem Gespräch, dass Sie sich nach der Hypnose entschlossen hatte, ihrem Freund noch bei Ostern Zeit zu geben und sollte er sie bis dahin nicht fragen, sich von ihm zu trennen.

Was soll ich sagen: mein Mann und ich waren dann bei der Hochzeit eingeladen und inzwischen haben sie beide auch zwei Kinder.

DER KÖNIGSWEG ZUM GLÜCK – LIEBE DICH SELBST, SO WIE DU BIST!

Sich selbst so anzunehmen, wie man ist, mit allen Stärken und Schwächen, mit allen Unvollkommenheiten, das ist die wahre Kunst und sie ist sicher eine sehr harte lebenslange Arbeit, aber sie lohnt sich. Denn, wenn man dies nicht tut und sich statt dessen ständig kritisiert, z.B. für sein Aussehen – und da sind Frauen sehr gut in solchen Dingen – ist man nie mit sich zufrieden. Oder man kritisiert ständig sich und seine geistigen Fähigkeiten, vergleicht sich mit anderen und hält sich für dumm: auch nicht hilfreich auf dem Weg zum Glück.

FALLBEISPIEL – SUGGESTIVHYPNOSE BEI LERNSCHWIERIGKEITEN

Einer meiner ersten Hypnoseklienten war der Sohn einer lieben Freundin, der nach ihren Aussagen Probleme in der Schule hatte, schlechte Noten schrieb, und Ihre Idee war es jetzt, mithilfe einer Suggestivhypnose, ihm das Lernen, sagen wir, wieder näher zu bringen. Der junge Mann kam in Folge ganz bereitwillig in meine Praxis, war offen und erzählte mir sehr viel. Der Schlüsselsatz für mich, als seine Therapeutin, war aber: »Barbara, ich lerne schon, aber ich verstehe ganz oft nicht das, was ich lernen soll und ich komme mir dabei ganz dumm vor!«.

Das war für mich die wichtigste Aussage von Allen. Ich verabredete mit ihm einen Termin für eine Suggestivhypnose und wir formulierten dann dort gemeinsam Sätze zu den Themen Ruhe, Gelassenheit, Selbstbewusstsein, Selbstvertrauen und Leichtes Lernen bzw. Verstehen des Lernstoffes. Im Anschluss führte ich mit ihm eine Suggestivhypnose durch, die er als sehr entspannend erlebte und verankerte die drei Sätze dabei in sein Unterbewusstsein. In Folge gab ich ihm die Hausaufgabe, die Sätze morgens und abends regelmäßig zu lesen. Den Folgetermin mit ihm vereinbarten wir auf drei Wochen später.

In der Zwischenzeit führte ich dann noch ein Gespräch mit seiner Mutter um ihr, mit seiner Erlaubnis, zu erzählen, was der wahre Grund für seine Schulschwierigkeiten war. Was soll ich sagen: nach einiger Zeit rief mich meine Freundin an und beschwerte sich mit schmunzelndem Unterton, dass ich sie schon viel Geld kosten würde. Auf meine verwunderte Frage, wie sie das meinte, berichtete sie, dass sie ihrem Sohn versprochen habe, bei jeder guten Note einen Euro zu erhalten und die guten Noten kamen am laufenden Band.

Der junge Mann kam noch einige Sitzungen zur weiteren Stabilisierung zu mir und es war eine Freude zu sehen, wie er innerlich wuchs und sich entwickelte.

Stressmanagement

Im Jahre 2007 habe ich in Marburg bei Prof. Dr. Gert Kaluza die Trainerausbildung *»Gelassen und sicher im Stress«* absolviert. Danach führte ich selbst viele Jahre dieses Seminar auch im Auftrag von Krankenkassen durch. Am Anfang des Seminares habe ich immer meine Kursteilnehmer erzählen lassen, was für sie Stress ist. Hier kommt eine kleine Auswahl von Stressfaktoren, die immer genannt wurden:

- Zeitdruck
- Zu viel Arbeit
- Ärger bzw. Konflikte mit Kollegen
- Störungen bei der Arbeit
- Lärm

Doch was ist Stress denn wirklich? Und macht Stress per se immer krank?

Es gibt generell zwei Arten von Stress: Da gibt es zuerst einmal den positiven Stress, auch Eustress genannt, der beflügelt und der einen überhaupt befähigt, große Dinge zu schaffen: man ist voller Schwung und kennt kein Ende. Und dann gibt es in der Tat auch den negativen Stress, auch Distress genannt, der krank machen kann und im schlimmsten Fall in ein Burn-out mündet. Entscheidend dabei, ob man am Stress erkrankt oder eben nicht, ist es auch, ob ein Ende der Belastung absehbar ist, ob es eine Wertschätzung für die geleistete Mehrarbeit gibt – auch finanzieller Natur – und natürlich wie lange diese Mehrbelastung schon geht.

Ein Paradebeispiel ist dabei die Pflege naher Angehöriger, leider auch immer noch eine Frauensache. Kommt da noch die mangelnde Wertschätzung und die jahrelange Überbelastung hinzu, muss man sich nicht wundern, wenn die Frau bei der Pflege des dementen Partners auch krank wird und vielleicht sogar noch vor ihm stirbt, weil sie einfach nicht mehr kann.

Ein anderer Klassiker ist die Umstrukturierung in der Firma, die übrigens dann auch Mobbing Tür und Tor öffnen kann, vielleicht durch einen Verkauf der Firma, oder auch nur einer Sparte. Es kommt zu Stellenabbau, Wegrationalisierung von wichtigen Stellen, die nicht mehr besetzt werden. Die Arbeit wird auf viel weniger Schultern verteilt und es interessiert niemanden so wirklich, ob sie machbar ist oder nicht. Wenn dann die Kinder klein sind, das Haus noch abbezahlt werden muss und die Frau vielleicht aktuell auch wieder schwanger ist, ja wen wundert es dann, wenn es einem den Schlaf raubt und die Existenzängste sich breit machen? In diesem Moment sich schon intern oder extern Hilfe, Beratung oder Unterstützung zu holen, das tun die Allerwenigsten. Doch das wäre jetzt der erste richtige Schritt, bevor die Wellen über einem zusammenschlagen und man untergeht.

Resilienz meint eine Widerstandsfähigkeit gegen Stress. Viktor E. Frankl hat untersucht, unter welchen Voraussetzungen Menschen ihren Lebenswillen bewahren und und in Folge eine Widerstandsfähigkeit gegen Stress entwickeln. Er zeigt drei Möglichkeiten auf, wie der Mensch Sinnerfüllung erlangen kann:

- kreative Tätigkeit.

- Erleben von schönen Erfahrungen mit Menschen, Musik, Kunst und Natur.

- Entwickeln von Leidensfähigkeit durch die Konfrontation mit Schicksalsschlägen.

Dabei betont Frankl, dass gerade in scheinbar negativen Situationen mittel und langfristig eine Chance zur inneren Reifung und größerer innerer Freiheit liegt. Das heißt, so schlimm oder auch angstbesetzt Ihre aktuelle Situation gerade auch sein mag, Sie könnten sie zu Ihrer persönlichen individuellen Entwicklung nutzen. Das geht aber nur, wenn Sie jetzt die Verantwortung für Ihr Leben wieder übernehmen und sich folgende Fragen stellen:

- Warum und wieso habe ich mich selbst und natürlich von anderen so in die Burn-out-Spirale treiben lassen?

- Habe ich vielleicht den Tod meines nahen Angehörigen nicht verarbeitet und mich danach umso mehr in die Arbeit gestürzt?

- Nehme ich meine Arbeit als Ablenkung, auch vor innerer Leere?

- Fällt es mir prinzipiell schwer zu delegieren, Arbeit abzugeben?

- Brauche ich die Arbeit, die Leistung und das positive Feedback, damit ich mich überhaupt etwas wert fühle?

Kommt Ihnen da etwas bekannt vor? Wenn ja, dann hören Sie bitte jetzt gut zu.

WAS BEDEUTET ÜBERHAUPT BURN-OUT?

Die Diagnose »Burn-out«, auch bekannt unter chronischen Erschöpfungszustand meint ein Ausgebranntsein, ein Leersein, nach einem oft jahrelangen Raubau mit den eigenen Kräften. Lange Zeit wird das Entspannungsbedürfnis des eigenen Körpers ignoriert und man versucht sogar, auf einem immer höheren Niveau mit den auch steigenden Anforderungen zurecht zu kommen, bis am Ende einfach gar nichts mehr geht.

Dieser chronische Erschöpfungszustand betrifft dabei vier Bereiche[4]:

- Körperliche Erschöpfung

- Emotionale Erschöpfung

- Mentale Erschöpfung

- Soziale Erschöpfung

---

4   Nach Prof. Dr. Gert Kaluza

Dabei ist Burn-out nicht gleich Burn-out.

Je nachdem wie viele Ebenen schon betroffen sind, wie stark die Erschöpfung in den Ebenen ist und wie lange der Zustand generell schon geht, umso intensiver wird der Erschöpfungszustand subjektiv auch empfunden. Leider suchen sich die meisten Betroffene erst dann Hilfe, wenn Ihr Erschöpfungszustand schon sehr weit fortgeschritten ist, so weit, dass man ihn nicht mehr ignorieren kann.

In vielen Burn-out-Beratungen habe ich immer wieder Klienten gehabt, die bis zur völligen Erschöpfung, bis zum vollkommen Zusammenbruch gearbeitet haben und sich dann bei mir in der Beratung verzweifelt gefragt haben, warum sie auf einmal nicht mehr funktionierten wie all die Jahre vorher. Nie waren jedoch die Symptome plötzlich oder aus dem Nichts gekommen. Oft begann es mit Gedankenkreisen, mit dem Gefühl, am Feierabend und am Wochenende nicht mehr abschalten zu können. Kopfschmerzen, chronische Rückenschmerzen, Ein- und Durchschlafstörungen ergänzten das Bild am Anfang der Schilderung.

Man verdrängte dies jedoch und versuchte mit sozial legalen Drogen wie dem Nikotin, dem Alkohol oder auch Schlaftabletten dem entgegen zu wirken, bis auch das nicht mehr funktionierte. Konzentrationsstörungen, Merkfähigkeitsstörungen häuften sich und es passierten die ersten gravierenden Fehler in der Arbeit. Und je mehr die betroffenen Personen sich auch anstrengten auch nach Feierabend und auch am Wochenende arbeiteten, umso höher wurde der Druck und je größer das Gefühl: »Ich kann nicht mehr!«.

Dann, aber leider oft erst dann, wächst die Bereitschaft, sich beim Arzt, Psychologe oder Therapeut professionelle Hilfe zu holen. So schlimm und dramatisch das hier klingt und für den Betroffenen ist, vieles ist leider auch hausgemacht.

Professor Dr. Gert Kaluza hat in seinem Gesundheitsförderungsprogramm »Gelassen und sicher im Stress« folgende fünf innere Antreiber eruriert:

- Sei perfekt

- Sei stark

- Sei beliebt

- Sei auf der Hut

- Ich kann nicht

Was meinen Sie, welcher ist Ihrer? Bei welchem gehen Sie in Resonanz?

Diese inneren Antreiber sind neben den äußeren Auslösern für Stress die wahre Ursache für ein Weiter, Höher, Schneller. Sie sind ganz selten bewusst gewählt, sondern irgendwann kritiklos von einer wichtigen Bezugsperson übernommen worden und haben uns alle zu dem gemacht, was oder wer wir sind. Wir verdanken diesen inneren Antreiber vielleicht unsere Karriere, unsere zielstrebige und gründliche Arbeit und letztendlich unseren Erfolg, aber jetzt zahlen wir auch mit einem Burn-out den Preis dafür.

Und wenn das so ist, dann wird es jetzt höchste Zeit diese inneren Antreiber zu erkennen, sie kritisch zu hinterfragen und in Folge zu unserem Wohle auch zu verändern.

Dies kann schon funktionieren in einem Stressmanagementseminar oder einer Burn-out Beratung. Manchmal braucht es aber auch mehr, dann ist eine mehrwöchige REHA indiziert, um Abstand zum beruflichen und privaten Alltagsstress zu bekommen und dabei spielt auch eine räumliche Trennung über eine gewisse Zeit, neben der Therapie vor Ort, eine ganz entscheidende Rolle.

Jeder einzelne meiner Klienten, der über diesen chronischen Erschöpfungszustand klagte, war entweder in einer führenden Position in einer Firma, hatte ein Team unter sich oder war gar selbstständig. Alle waren es gewohnt, viel Verantwortung zu übernehmen, hart zu arbeiten, viel zu leisten und immer war es auf Dauer viel zu viel. Nur warum?

Das Zitat von Descartes »Ich denke, also bin ich« könnte man sicher in der heutigen Zeit, in der so viele Menschen sich über die Arbeit und Ihre Leistung als Person definieren, zu »Ich leiste, also bin ich« umwandeln. Kein Wunder, dass Burn-out einen immer größeren Kreis von Menschen trifft.

Die heutige Arbeitswelt mit ihren immer noch mehr steigenden Anforderungen an Flexibilität, ständige Erreichbarkeit, Schnelligkeit und ständigem unbegrenzten Wachstum nach oben tut das ihrige dazu.

Ich bekam einen Anruf eines Herren, dem ich von einer Bekannten empfohlen wurde. Wir vereinbarten einen ersten Termin für ein Aufnahmegespräch und er erschien dazu sehr pünktlich. Er berichtete mir von seinen aktuellen Problemen, sowohl seelischer als auch körperlicher Art und in meinem Kopf reifte ein Bild. Hierbei handelte es sich auch hier um einen Teamleiter im Außendienst, der einen Stab von Mitarbeitern unter sich hatte und plötzlich, wie er meinte, nicht mehr funktionierte. Im Gegenteil, die Arbeit machte ihm sogar Angst, meinte er. Nachdem ich ihm aufmerksam zugehört hatte, empfahl ich ihm, zuerst einen Termin bei seinem Hausarzt zu vereinbaren, auch um ein großes Blutbild zu veranlassen und in Folge einen niedergelassenen Psychiater aufzusuchen.

Meiner Ansicht nach war dieser neue Klient schon so sehr in der Spirale von Burn-out über viele Jahre gefangen, dass es mir eher geraten schien, über einen Kur bzw. REHA den nötigen Abstand von der Arbeit und auch von dem privaten Bereich zu erzielen. Der Termin beim Neurologen klappte zeitnah und dieser bestätigte auch im vollen Umfang meine Verdachtsdiagnose.

Da mein Klient aber noch nicht bereit war, den Schritt in Richtung REHA zu gehen, arbeiteten wir in mehreren Burn-out Sitzungen an seinem Bild von sich, seinem Anspruch an sich selbst und seinem eigenen Leistungsdenken. Allmählich erkannte er immer mehr, wie er sich selbst in diese Situation gebracht hatte. Und ihm wurde bewusst, dass er so nicht mehr weitermachen konnte und auch nicht wollte.

In Folge suchte er sich selbst eine REHA-Einrichtung, die sich auf Burn-out spezialisiert hatte und ging gleich im Neuen Jahr dorthin. Nach Weihnachten klingelte es plötzlich an der Tür. Er stand mit einer Flasche Wein da und bedankte sich ganz herzlich für meine schnelle und kompetente Hilfe.

DIE DREI WEGE ZUR STRESSBEWÄLTIGUNG

Jetzt haben wir schon viel über Stress und Burn-out gehört, da stellt sich doch jetzt die Frage nach der Lösung.

Wie kann ich den Stress in meinem Leben, den ich habe, in Zukunft besser bewältigen, damit ich keinen Burn-out bekomme?

Prof. Dr. Gert Kaluza nennt die folgenden drei Wege zur Stressbewältigung:

• Instrumentelle Stressbewältigung

• Kognitive Stressbewältigung

• Regenerative Stressbewältigung

Doch was bedeutet das konkret?

Instrumentelle Stressbewältigung

- Sind Sie überfordert, weil Sie das neue Computerprogramm nicht beherrschen? Dann melden Sie sich doch auf eine dementsprechende Fortbildung an, um Ihre diesbezügliche Wissenslücke zu schließen.

- Haben Sie erkannt, dass Sie sowohl beruflich, als auch privat die wichtigen Arbeiten immer aufschieben und sich durch unwichtige Dinge aufhalten lassen? Dann schreiben Sie sich doch ab heute eine Prioritätenliste und arbeiten Sie Ihre Aufgaben nach Dringlichkeit ab.

- Wenn Sie spüren, dass Sie ganz dringend eine Pause, einen Urlaub oder bei einer psychischen Überbelastung eine Auszeit im Sinne einer REHA benötigen, dann sprechen Sie doch mit Ihrem Vorgesetzten oder auch Ihrem Hausarzt und beantragen einen zusätzlichen Urlaub oder auch eine REHA.

- Wenn Sie altersbedingt Ihren Wochenstundensatz nicht mehr halten können, reden Sie mit Ihrem Chef und reduzieren Sie Ihre wöchentliche Arbeitszeit soweit wie möglich.

In all diesen Beispielen setzen Sie den Rotstift schon ganz oben an der Stressreaktion an und eliminieren Ihre Stressfaktoren aus Ihrem Leben.

Kognitive Stressbewältigung

- Sind Sie sehr perfektionistisch und haben einen sehr hohen Anspruch an Ihre Arbeit und die Arbeit anderer?

- Müssen Sie immer alles alleine machen, weil Sie sich nicht auf andere verlassen wollen oder können?

- Müssen Sie immer die Kontrolle über alles haben, ansonsten werden Sie völlig unruhig und bekommen sogar Angst?

- Sind Sie sehr ungeduldig mit sich, Ihrer Arbeit, aber auch mit der Arbeit anderer?

Hier geht es um unsere inneren Antreiber, die es zu erkennen und zu verändern gilt.

Dabei erhält der Satz *»Du machst Dir Deinen Stress doch selbst«* eine ganz besondere, wahre Bedeutung.

Kommt Ihnen das eine oder andere Beispiel bekannt vor? Haben Sie sich erkannt? Sehr gut! Denn dies ist jetzt der erste wichtige Schritt zur Veränderung.

All das, was Sie von sich glauben und an was Sie Ihren stets sehr hohen Arbeitseinsatz festmachen, hat Sie zu dem gemacht, der sie sind. Aber wenn Sie hier und jetzt erkennen, dass diese innere Einstellung Ihnen jetzt nicht mehr dient, dass Sie sozusagen »ausgedient« hat, weil sie Sie nur noch belastet und krank macht, dann wagen Sie doch jetzt, diese kritisch zu hinterfragen, um sie in Folge zu Ihrem Vorteil und zu Ihrem Glück zu verändern.

Das geht alleine, aber hilfreich ist an dieser Stelle auf jeden Fall ein guter Berater oder Therapeut, der Sie auf Ihrem neuen Weg in ein Stress freieres Leben geduldig begleitet. Ich verspreche Ihnen, es lohnt sich wirklich!

Regenerative Stressbewältigung

Last but not least, in diesem dritten Weg zur Stressbewältigung ist nun wirklich alles gemeint und erlaubt, was Ihnen gut tut. Dabei gibt es eine wahre Fülle von Möglichkeiten, anbei nur ein kleiner Auszug:

- Sport, als der Stresskiller Nummer eins. Erlaubt ist, was gefällt.
- Lange Spaziergänge,Wanderungen
- Gemeinsames Grillen, Kochen mit dem Partner, Freunden.
- Lesen, Tanzen und vieles mehr…

Ich selbst mache seit vielen Jahren Yoga und entspanne mich aber auch sehr gerne auf langen Spaziergängen, beim Schwimmen oder dem Lesen eines guten Buches und nein, dies ist am Wochenende sehr selten ein Fachbuch.

Sie aber müssen selbst herausfinden, was Ihnen gut tut.

Was machen Sie ganz aktuell gerade nach Feierabend oder auch am Wochenende, um zu entspannen und den Stress in Ihrem Leben zu vermindern?

Bitte nehmen Sie sich einen Moment Zeit. Fällt Ihnen nichts ein? Nein? Was haben Sie denn früher gerne gemacht?

Bitte nehmen Sie jetzt einen Block und einen Stift und schreiben Sie alles auf und lassen Sie sich dazu jetzt Zeit. Fertig?

Dann legen Sie ihren Stift beiseite und lesen sich alles noch einmal durch.

Ich glaube, dass Ihnen gleich mehrere Dinge eingefallen sind, die Sie früher mit viel Spaß gemacht haben. Irgendwann haben Sie damit aufgehört, warum und wieso auch immer. Sie vermissen es aber, oder?

Dann haben Sie hier und jetzt die Möglichkeit, dies zu verändern. Fangen Sie klein an und wählen Sie ein Hobby aus, das Sie gerne wieder aufnehmen würden.

Sie werden sehen, wie gut dies Ihnen tut.

Entspannungsverfahren

Leider ist es die Folge von jahrelangem Stress, dass der Körper verlernt zu entspannen und das macht sich dann nicht nur, aber auch sehr oft und sehr schnell in Ein- und Durchschlafstörungen bemerkbar. Auch so ein Massenphänomen unserer Zeit. Man wälzt sich in den Kissen und steht am nächsten Morgen nach vielleicht nur drei Stunden Schlaf müde und gerädert auf und quält sich völlig übermüdet durch den ganzen Tag. Kein Wunder, dass die Arbeitsqualität darunter leidet, Fehler vorprogrammiert sind und weiteren stressbedingten Erkrankungen bis hin zum Burn-out Tür und Tor geöffnet sind. Daher bieten Krankenkassen, aber auch immer mehr Firmen zur Gesunderhaltung ihrer Mitarbeiter Entspannungskurse an. Die Auswahl an Entspannungstechniken ist groß, hier eine kleine Auswahl:

- Die Progressive Muskelentspannung nach Jacobson
- Das Autogene Training nach Schultz
- Yoga
- Qi Gong / Tai Chi

Ab 2007 habe ich in vielen Firmen und Behörden Entspannungskurse durchgeführt und die wohltuende Wirkung auf die Mitarbeiter hat mich immer sehr beeindruckt.

Gerne stelle ich Ihnen in Folge sowohl die Progressive Muskelentspannung nach Jacobson und auch das Autogene Training nach Schultz vor.

Die Progressive Muskelentspannung nach Jacobson

Die Progressive Muskelentspannung wurde von dem amerikanischen Arzt und Physiologen Edmund Jacobson (1885-1976) entwickelt. Er begann 1908 in den Laboratorien der Harvard Universität mit seinen Studien zur Progressiven Muskelentspannung und veröffentlichte nach zwanzig Jahren Forschung sein erstes Buch, das sich an Ärzte wandte. Nachdem man ihm vorgeschlagen hatte, auch ein Buch für Laien zu schreiben, verfasste er 1934 das Buch »*You must relax*«. In deutscher Sprache erschien dieses Buch erst 1990 unter dem Titel »*Entspannung als Therapie*«. Bei der Progressiven Muskelentspannung nach Jacobson handelt es sich um ein abwechselndes willentliches An- und Entspannen von Muskelgruppen. Seit der Kassenzulassung 1987 hat sich die Progressive Muskelentspannung nach Jacobson flächendeckend etabliert.

Anwendungsgebiete
- Muskuläre Verspannungszustände
- Schlafstörungen
- Stressbewältigung
- Vorbeugung stressbedingter Erkrankungen

- Allgemeine Gesundheitsvorsorge
- Allgemeines Wohlbefinden

<u>Übungsformen</u>
- Die Langform mit sechzehn Muskelgruppen mit zwei Durchgängen
- Die Halbform mit sechzehn Muskelgruppen mit einem Durchgang
- Kurzformen mit sieben / fünf / vier Muskelgruppen
- Vergegenwärtigungsverfahren mit allen Muskelgruppen
- Zählen

<u>Die fünf Phasen des Übens</u>
- Hinspüren: Die übende Person konzentriert sich auf die jeweilige Muskelgruppe.
- Anspannen jetzt: Auf ein vereinbartes Signal der anleitenden Person wird die jeweilige Muskelgruppe angespannt.
- Spannung halten: Die Spannung wird fünf bis sieben Sekunden gehalten.
- Loslassen: »*und gut*« die Muskelanspannung wird losgelassen.
- Nachspüren: Die übende Person bleibt mit ihrer Aufmerksamkeit etwa dreißig Sekunden in der betreffenden Muskelgruppe und nimmt wahr, was dort passiert.

Die Progressive Muskelentspannung nach Jacobson kann im Liegen und im Sitzen durchgeführt werden.

Übungshaltung

- Lockere, bequeme Kleidung (Gürtel, Brille, etc. entfernen)
- Bequeme Sitz-, Liegeposition (weiche/warme Unterlage)
- Bei Bedarf: Nacken, Knierolle, Kissen oder Decke
- Beine hüftbreit auseinander legen/stellen
- Hände im Liegen neben den Körper/im Sitzen locker auf die Oberschenkel

In vielen Entspannungskursen konnte ich im Laufe der acht Wochen immer wieder hören, wie die verschiedensten Verspannungszustände, wie Kopf oder auch Rückenschmerzen nachließen, die damit verbundenen Schmerzen weniger wurden und Schlafstörungen sind verbesserten.

Die Mehrheit meiner Teilnehmer empfand sich am Ende des Kurses als entspannter und weniger gestresst.

Teilnehmerstimmen

- Eine Teilnehmerin meinte im laufenden Kurs, dass für sie das Schönste an diesem Kurs sei, dass sie sich jede Woche eine Stunde Entspannungszeit für sich selbst nehmen würde.

- Eine andere Teilnehmerin war so von der Progressiven Muskelentspannung angetan, dass sie sich gleich in Folge für den Fortgeschrittenen Kurs anmeldete, um dran zu bleiben.

- Eine Teilnehmerin wurde an einem Abend, an dem sie keine Lust auf die Stunde Progressive Muskelentspannung hatte, von ihrem Freund geschickt mit der Aussage: »Du gehst jetzt da hin, das tut Dir gut, Du bist viel weniger zickig!«. Da musste ich dann doch schmunzeln. Ja, oft merken zuerst unsere Lieben daheim, wenn uns etwas gut tut, bevor wir selbst dies tun.

Wenn ich Sie jetzt neugierig gemacht habe, fragen Sie doch einfach bei Gelegenheit bei Ihrer Krankenkasse vor Ort nach, wo demnächst ein solcher meist achtwöchiger Anfängerkurs stattfindet. Entweder ist dann ein solcher Entspannungskurs für Sie als Versicherte kostenlos oder ihre Krankenkasse bezuschusst den Kurs, sofern er von einer zertifizierte Kursleitung durchgeführt wird.

DAS AUTOGENE TRAINING NACH SCHULTZ

Das Autogene Training (abgekürzt AT) ist ein sehr bekanntes und vielfach durchgeführtes Entspannungsverfahren. Es wird auch das »Yoga des Westens« genannt. Der Arzt und Psychiater Johann Heinrich Schultz (1884-1970) entwickelte in den zwanziger Jahren des letzten Jahrhunderts diese Methode. Das Interesse am Mensch und an seinem Seelenleben war ihm in die Wiege gelegt worden. Der Vater – Theologieprofessor – vererbte dem jungen Mann offensichtlich die Neigung zur Seelen-Heilkunde. Als Leiter der Haut-Poliklinik der Universität Breslau gelang es ihm, über Jahre in einem abendlichen Hypnoseambulatorium an Patienten die Erlebnisse im hypnotischen Zustand und die gesundheitlichen Wirkungen der Hypnose zu sammeln. Da Schultz eine Technik anwandte, die es dem Patient während der Behandlung ermöglichte, zu sprechen, erkannte er schnell, dass bei allen Unterschieden der Erlebnissen, einige einen wiederkehrenden Charakter besaßen:

- Schwere-Erlebnis in den Gliedmaßen
- Wärme-Erlebnis in den Gliedmaßen
- Ruhe-Empfinden von Herz und Atmung
- Wärme im Leib
- Kühle an der Stirn

Daraufhin stellte Schultz sich folgende Frage: Was würde geschehen, wenn nicht die bereits hypnotisierten Versuchspersonen ihre Körperwahrnehmungen beschreiben würden und man statt dessen, einer normal wachen Person diese Körperempfindungen suggerieren würde? Das Ergebnis der Beobachtung war eindeutig. Auch hier handelt es sich um den körperlich-seelischen Entspannungszustand der Hypnose. Jetzt musste man die Versuchspersonen sich diese Formeln nur noch selbst vergegenwärtigen lassen. Das Autogene Training war geboren.

Von 1920 bis 1924 folgten im Sanatorium »Weißer Hirsch« in Dresden umfassende klinische Versuche mit dem autogenen Training. 1932 erschien dann, nach zwölf Jahren Forschung, sein Buch »*Das Autogene Training*«.

Anwendungsgebiete
- Nervosität, Innere Unruhe
- Wetterfühligkeit
- Schlafstörungen
- Unsicherheit, Selbstzweifel
- Stressbewältigung
- Selbstfindung

Das Autogene Training wird prinzipiell in Unter-, Mittel- und Oberstufe unterteilt. Die Unterstufe dient vor allem der wohltuenden Entspannung.

Übungen der Unterstufe
- Die Ruheübung
- Die Schwereübung
- Die Wärmeübung
- Die Sonnengeflechtsübung
- Die Herzübung
- Die Kopfübung

Übungen der Mittelstufe

- Die persönliche Formel: Beeinflussung des Verhaltens durch formelhafte Vorsatzbildung.

Übungen der Oberstufe

- Farberlebnisse
- Wahrnehmung konkreter Gegenstände
- Schau abstrakter Werte
- Übung zur Charakterbildung
- Der Weg auf den Meeresgrund
- Der Weg auf die Bergeshöhe

Das Autogene Training nach Schultz kann im Liegen und im Sitzen durchgeführt werden.

Übungshaltung

- Lockere, bequeme Kleidung (Gürtel, Brille, etc. entfernen)
- Bequeme Sitz-, Liegeposition (weiche/warme Unterlage)
- Bei Bedarf: Nacken, Knierolle, Kissen oder Decke
- Beine hüftbreit auseinander legen/stellen
- Hände im Liegen neben den Körper, im Sitzen locker auf die Oberschenkel.

Teilnehmerstimmen

- Eine Teilnehmerin meinte nach vier Kursterminen, dass ihr der Kurs sehr gut täte und dass sie darüber hinaus immer an dem Abend nach dem Kurs gut einschlafen könnte.

- Eine andere Teilnehmerin gab zu Beginn des Kurses an, unter ganz starken Migräneanfällen zu leiden. Nach Ende des Kurses und regelmäßigen Übungen zu hause, berichtete sie in der Abschlussrunde freudestrahlend, dass das größte Geschenk sei, dass sich ihre Migräneanfälle massiv reduziert hätten.

- Beim Abschlussfeedback eines AT-Kurses an einer Dualen Hochschule erzählten die Mehrheit der Erstsemester, dass sie spürbar weniger Prüfungsangst hätten und auch während der Prüfung ruhiger und konzentrierter arbeiten könnten.

Seit ungefähr einem Jahr biete ich in meiner Praxis, aufgrund einer immer stärkeren Nachfrage, das Erlernen der Progressiven Muskelentspannung und des Autogenen Trainings auch im Einzelsetting an und es funktioniert wunderbar.

Die Vorteile sind neben der Möglichkeit einer individuellen Terminvereinbarung auch eine stets kürzere Laufzeit von maximal sechs Wochen. Selbstverständlich muss auch hier regelmäßig zuhause geübt werden.

HEILHYPNOSE – EIN WEG IN EIN GLÜCKLICHES, ENTSPANNTES UND FREIES LEBEN

Schon oft habe ich Ihnen Fallbeispiele erzählt, in denen ich mit der Heilhypnose gearbeitet habe und Sie konnten lesen, wie positiv diese Veränderungen immer waren. Darum nehme ich mir jetzt die Freiheit, Ihnen ein wenig von dieser faszinierenden Therapieform zu erzählen, mit der ich seit fast zwanzig Jahren in meiner Praxis arbeite.

WAS IST HYPNOSE?

Hypnose, abgeleitet vom Griechischen »hypnos« (Schlaf), bezeichnet einen schlafähnlichen, künstlich erzeugten Zustand. Man redet in diesem Zusammenhang auch von einem halben Bewusstsein. In diesem Zustand sind alle geistigen Funktionen hochgefahren, alle körperlichen Funktionen (Atmung, Körpertemperatur, Herzschlag, usw.) heruntergefahren.

Prinzipiell unterscheidet man zwischen Selbsthypnose, besser bekannt auch unter dem Autogenen Training nach Johann Heinrich Schultz und der Fremdhypnose, mit der ein Therapeut arbeitet.

Bei der Fremdhypnose unterscheidet man einerseits zwischen der Suggestivhypnose, die stützt und stabilisiert und andererseits der analytischen Hypnose, die aufdeckt und bearbeitetet.

Bei einer Suggestion handelt es sich um das Hervorrufen bestimmter Empfindungen, Gedanken, Vorstellungen, Willenshaltungen und Verhaltensweisen bei anderen Menschen oder bei sich selbst durch gezielte seelische Beeinflussung. Die Empfänglichkeit eines Menschen (Suggestibilität) ist abhängig vom Alter, von der Persönlichkeit und der Situation. Die Technik der Suggestion besteht darin, die kritische Beobachtung herabzusetzen oder zu umgehen. Eine wesentliche Methode dabei ist die Wiederholung.

In den Zwanzigern des letzten Jahrhunderts richtete der Apotheker Emil Coué aus Nancy eine Suggestionsklinik ein und war außerordentlich erfolgreich. Er unterrichtete seine Patienten in der Selbsthypnose und bat um die tägliche Anwendung des Satzes, der inzwischen weltbekannt ist: »*Es geht mir von Tag zu Tag in jeder Hinsicht immer besser und besser*«.

DIE BEDEUTUNG DES UNTERBEWUSSTSEINS

Das Unterbewusstsein ist die Summe aller seelischen Inhalte und Vorgänge unterhalb der Bewusstseinsschwelle, die als Traum oder anderen Äußerungen hervortreten. Diese werden vom Oberbewusstsein nicht gesteuert.

Das Unterbewusste ist der Speicher unseres Gedächtnisses. Dort ist unser ganzes Leben vollständig und lückenlos aufgezeichnet. Alles, was wir je erlebt haben, ist dort wie auf einem Film festgehalten mit allen Details, allen Gefühlen, sowie allen schönen oder schmerzlichen Erlebnissen. Es denkt und urteilt selbständig. Bilder sind die Sprache des Unterbewusstseins. Diese schickt uns unser Unterbewusstsein im Traum oder in der Hypnose. Das Unterbewusstsein hat die wichtige Aufgabe, uns zu beschützen, aber anderseits auch eine bestrafende Funktion, z.B. durch Unfälle.

HYPNOSEFÄHIGKEIT

Wie bei jeder anderen Therapieform ist auch die Behandlung in Hypnose nicht für jeden Menschen geeignet. Der eine ist sehr kopflastig und würde sich nie einer solchen Therapie unterziehen, der andere befindet sich gerade in einer Krise, da, hilft zuerst eine Stabilisierung über Gespräche und keine Aufarbeitung von Vergangenem.

Folgende charakteristische Merkmale begünstigen die Hypnosefähigkeit: Intelligenz, Neugierde, Phantasie, Sensibilität, Offenheit, Kontaktfähigkeit, Fähigkeit zu entspannen, Selbstvertrauen.

Absolute Kontraindikationen: akute depressive Krise, akute Suizidalität, Epilepsie, demente Personen, Schizophrenie, manisch depressive Psychosen.

In meiner Praxis wende ich seit fast zwanzig Jahren die Hypnose an und die Anwendung und Durchführung einer Hypnose ist bis heute fast immer möglich gewesen. Oft genug ergab das Aufnahmegespräch aber allerdings die Notwendigkeit, den Hausarzt oder einen Neurologen einzuschalten, um bei z.B. depressiven Symptomen eine Diagnose und eine eventuell notwendige Medikation zu veranlassen. Erst danach und nach einer mehrwöchigen Einnahme von der verordneten Medikation macht eine Hypnosetherapie auch wirklich Sinn.

Hier nun ein Auszug aus den Hauptanwendungsgebieten in alphabetischer Reihenfolge[5]:

- Ängste: Erröten, Kontaktangst, Lampenfieber, Platzangst, Prüfungsangst, Sprechangst

- Allergien

- Anorexia nervosa (Magersucht)

- Bettnässen

- Depressionen (nur unter bestimmten Bedingungen)

- Konzentrationsstörungen

- Krebs (als unterstützende aber notwendige Maßnahme)

- Leistungssteigerung im seelischen und sportlichen Bereich

---

5   Aus »Das große Handbuch der Hypnose«, Theorie und Praxis der Fremdhypnose, Werner J. Meinhold, Ariston Verlag

- Magen und Darmerkrankungen
- Migräne und andere funktionelle Kopfschmerzen
- Neurosen
- Schlafstörungen
- Schmerzzustände
- Seelische Störungen
- Sprachstörungen, z.B. Stottern
- Suchtkrankheiten
- Trauerarbeit
- Unfälle (zur Ursachenaufarbeitung)

ERFAHRUNGSBERICHTE

Ich weiß, diese Auflistung hört sich schier unglaublich an. Aber ich habe in den letzten Jahren zu jedem Punkt Hypnosen durchgeführt und immer hatten sie, wenn auch nicht unmittelbar, eine sehr positive Wirkung. Natürlich heilt eine einzige Hypnose nicht immer gleich alles und man braucht wie überall Geduld und einen langen Atem, aber es lohnt sich auf jeden Fall.

- Eine Freundin, der ich zum Üben eine Suggestivhypnose schenkte, berichtete mir erst nach Jahren, dass ihre Milbenallergie seitdem fast vollkommen verschwunden sei.

- Eine junge Klientin, die aufgrund ihrer Krebserkrankung eine Chemotherapie über sich ergehen lassen musste, überstand sie diesmal mithilfe einer Suggestivhypnose viel besser und mit viel weniger Nebenwirkungen.

- Ein Freund von mir, der kurz vor einem Rückfall in den Alkohol stand, überstand die Versuchung an diesem Abend mithilfe einer analytischen Hypnose.

- Ein Kollege von mir, der eigentlich eine Hypnose gegen seine vermeintlichen Beziehungsschwierigkeiten haben wollte, fand sich plötzlich in einem früheren Leben wieder und erkannte den wahren Grund für seine Distanzierung in Liebesangelegenheiten in seinem Leben.

Sollten auch Sie diese Therapieform ansprechen und Sie suchen sich in Folge einen Therapeuten, der mit Hypnose arbeitet, achten Sie auf eine fundierte Grundausbildung Ihres Therapeuten. Fragen Sie ruhig nach, wo er seine Hypnoseausbildung gemacht hat. Wenn er dies nicht preisgibt, lassen Sie bitte die Hände davon. Werden Sie sehr hellhörig, wenn Ihnen versprochen wird, Ihr Problem in einer Sitzung zu beheben, denn das geht nicht.

Ich persönlich mache immer als erstes ein gründliches Aufnahmegespräch und erst dann eventuell eine Hypnose. Meist ist dies eine Suggestivhypnose, weil sie bekanntlich stützt und stabilisiert und der Klient eine Ahnung davon erhält, was Hypnose ist und wie sich dies bei ihm anfühlt.

FREIHEIT – MEIN WEG ZUM GLÜCK

WAS BEDEUTET FREIHEIT?

»Freiheit heißt Verantwortung. Deshalb wird sie von den meisten Menschen gefürchtet.«[6]

Für mich bedeutet Freiheit unabhängig zu sein, mich entfalten zu können, mich entscheiden zu können, wie es für mich richtig ist. Freiheit bedeutet für mich aber auch, mich auch umentscheiden zu können, den eingeschlagenen Weg verlassen zu können, wenn er nicht mehr passt und mutig neue Wege zu gehen. Freiheit bedeutet beruflich für mich, meine Arbeit möglichst frei gestalten zu können, viel selbst zu machen, viel selbst zu entscheiden und natürlich am Schluss auch selbst zu verantworten. Wenn ich mich frei fühle, fühle ich mich glücklich, beschwingt und voller Energie.

Und jetzt meine Frage an Sie:

- Wie geht es Ihnen in diesem Moment?
- Wann haben Sie sich zuletzt frei gefühlt?
- Wie fühlt sich für Sie Freiheit an?
- Wann und wo fühlen Sie sich unfrei?
- Was macht das mit Ihnen, körperlich und seelisch?

---

6   George Bernhard Shaw

- Was hindert Sie genau in diesem Bereich daran, mehr Freiheit zu leben?

KURZE AUFGABE

Bitte nehmen Sie sich jetzt ein Blatt Papier und schreiben Sie Ihre Antworten zu meinen Fragen auf! Und, ganz wichtig, lassen Sie sich dazu Zeit. Wenn Sie fertig sind, legen Sie Ihren Stift auf die Seite, spüren in sich hinein und fragen sich bitte:

- Was habe ich bei mir erkannt?
- Wie geht es mir mit dieser Erkenntnis?
- Was mache ich jetzt mit dieser Erkenntnis?

FALLBEISPIEL

Ich bekam in meiner Praxis den Anruf einer Frau mit Beziehungsproblemen, die um eine Sitzung bat und wir vereinbarten einen ersten Termin. Im Aufnahmegespräch berichtete sie mir vor allem von ihrer Ehe, die sie schon lange sehr unglücklich machen und die sie gerne beenden würde. Aber ihr Mann redete ihr ständig ein, sie würde es alleine ohne ihn nicht schaffen. Sie hatten zusammen zwei Kinder, eine Tochter und einen Sohn, der sehr am Vater hing. Dieser benutzte einerseits die Kinder als Druckmittel und drohte sogar offen seiner Frau, sollte sie es doch wagen, sich von im zu trennen. Daher holte sie sich vor einiger Zeit bereits Unterstützung bei einem niedergelassenen Psychotherapeuten, der ihr auch immer wieder aufs neue riet, sich endlich von ihrem Mann zu trennen. Doch sie schaffte es einfach nicht. Darüber hinaus war sie vor längerer Zeit bei einer Rechtsanwältin und hatte sich bezüglich Scheidung und Unterhalt informiert. Eigentlich wäre alles klar und dennoch lag der Brief bei ihrer Anwältin und wartete darauf, abgeschickt zu werden. Aber sie fühlte sich einfach nicht in der Lage, diesen Schritt zu gehen und verstand sich selber nicht. Auf ihren Wunsch hin vereinbarten wir in Folge einen ersten Hypnosetermin.

Ich nahm mir bei der Einleitung der Hypnose bewusst Zeit, da ich das Gefühl hatte, dass Sie ganz dringend Ruhe und Entspannung nötig hatte und es funktionierte. Sie bekam bald schon eine regelmäßige ruhige Bauchatmung. Ich suggerierte ihr dann in Folge eine Wiese, das Einstiegssymbol einer leichten analytischen Hypnose, aber sie sah überhaupt nichts, dafür reagierte ihr Körper ganz stark. Er sandte eindeutige Signale. Zuerst kam die Wärme und dann kamen ganz deutliche Gefühlssensationen. Sie beschrieb sie als Fesseln an Ihren Händen und an ihren Fußgelenken, so wie Ketten aus Blei. Die Wärme wuchs immer mehr an. Ich blieb ganz einfach bei ihr, fragte sie immer wieder, wie es ihr ginge und mit einem Mal sagte sie: »Jetzt sind die Fesseln an meinen Händen ab und die an den Füssen schaffe ich auch noch.« Wieder bliebe ich bei ihr und vertraute einfach dem, was geschah. Dann sagte sie: »Jetzt sind auch die Fesseln an den Füssen weg«.

Sie atmete mehrmals tief ein und aus und ich ließ sie zuerst einmal in diesem neuen Gefühl. Nach einer ganzen Weile beendete ich, in Absprache mit ihr, Schritt für Schritt die Hypnose und als sie dann danach die Augen öffnete, wirkte sie völlig erschöpft. Wir besprachen noch ein wenig die Hypnose und in der Verabschiedung an der Türe, nahm sie mich spontan in den Arm und sagte: »Ich weiß, nicht was passiert ist, aber vielen Dank, irgend etwas ist passiert!«.

Am folgende Tag erhielt ich eine Nachricht per SMS von ihr, dass sie noch am selben Tag Ihre Anwältin gebeten hatte, den Brief mit den Scheidungsunterlagen abzuschicken. Sie besuchte mich darüber hinaus noch einige Male, während die Scheidung lief. Heute ist sie schon lange geschieden und lebt ein freies und selbstbestimmtes Leben.

Freiheit in einer helfenden Beziehung – Geht das?

Es gibt unendliche viele Arten von Beziehungen.

Es gibt die private Beziehung zu unseren Freunden, unserem Mann, unseren Kindern, zu unseren Eltern oder auch Geschwistern. Es gibt die berufliche Beziehung zu unseren Arbeitskollegen, unserem Chef und es gibt die helfende Beziehung zwischen dem Therapeuten und dem Klient. Es gibt generell gute

Beziehungen und es gibt schlechte Beziehungen. Es gibt Beziehungen, in denen man sich wohl geborgen, aber dennoch frei fühlt und es gibt Beziehungen voller Abhängigkeit und Angst, so wie im Fallbeispiel vorher.

Ich selbst habe das Glück, glücklich verheiratet zu sein und ich weiß, dass dies nichts Selbstverständliches ist. Ich bin unter dem Sternzeichen des Zwillings geboren, brauche Nähe und Freiheit. Oft merke ich erst hinterher, wenn ich zu wenig Freiheit gekostet habe und sorge danach wieder für mehr, aber darf man das überhaupt?

Was meinen Sie?

- Bin ich undankbar als Tochter, wenn mein Weg in eine andere Richtung geht, als meine Mutter sich für mich erhofft hat?

- Bin ich egoistisch, wenn ich in meiner Ehe auch Dinge mache, die mich glücklich machen, auch wenn mein Mann dies nicht teilt?

- Bin ich einfach uneinsichtig, wenn ich nicht genau das tue, was mir mein Therapeut rät, auch wenn ich dazu noch gar nicht bereit bin? Macht das ein guter Therapeut überhaupt?

Ich beginne jede Behandlung bei einem neuen Klient mit einem ausführlichen Aufnahmegespräch, das meist anderthalb Stunden dauert. Es dient einerseits dem gegenseitigen Kennenlernen und andererseits dazu, mir einen ersten Eindruck zu machen über das

Anliegen des Klienten und über das weitere Vorgehen.

Meist habe ich schon in vielen Aufnahmegesprächen von Klienten gehört, dass sich, obwohl sie schon jahrelang bei ihrem Therapeuten waren, wenig verändert hat und dass ihr Therapeut begonnen hatte, Ratschläge zu geben, wie er dies oder jenes handhaben würde. Erst gestern war eine Dame neu bei mir in der Praxis, die mir wieder das gleiche bestätigte und die aber genau dieses Vorgehen als übergriffig empfand.

Doch warum tut man dies? Spürt man als Therapeut vielleicht selbst Hilfslosigkeit, weil nichts vorwärts geht, oder evtl. Ungeduld, weil die Behandlung stagniert? Oder liegt es tiefer? Glauben wir Therapeuten insgeheim, wir seien die besseren Menschen, nur weil andere bei uns Hilfe suchen? Und glauben wir dann im Ernst, unser Klient würde sich in dieser helfenden Beziehung noch frei fühlen? Wohl kaum.

Ich führe von Anfang an eine Privatpraxis, dass heißt, meine Klienten müssen für die Leistung, die sie erhalten, zahlen. Wir vereinbaren immer nur einen Termin nach dem anderen und, weil ich vorrangig mit Hypnose und Aufstellungsarbeit arbeite, kommt keiner meiner Klienten wöchentlich, sondern nur in größeren Abständen.

Wenn ein Klient dagegen das Glück hat, bei einem niedergelassenen Therapeut mit Kassenzulassung einen Therapieplatz zu bekommen, dann sind nach einigen Probesitzungen gleich eine gewisse Anzahl von Sitzungen anhand der Diagnose bewilligt und das Treffen von Therapeut und Klient hat oft einen wöchentlichen Rhythmus. Am Schluss der Therapie steht dann natürlich ein Bericht an die Kasse an, in dem im Besten Fall von einer Bewältigung der Problematik und einer Verbesserung der Symptomatik berichtet wird. Nur was ist, wenn sich nichts oder zu wenig tut? Nicht immer wird in einem solchen Fall der Therapievertrag verlängert und weitere Sitzungen genehmigt.

Die eigentliche Frage ist doch, welches Menschenbild ich als Therapeut habe. Glaube ich, dass der Mensch alles schon in sich trägt, um seine aktuellen Schwierigkeiten zu bewältigen? Oder, dass mein Klient wie ein kleines Kind ist, das man an die Hand nehmen und ihm zeigen muss, wie es richtig geht?

Schauen wir mal, was Carl R. Rogers dazu meint. Mir selbst ist sein Menschenbild sehr sympathisch und ich versuche, mich immer davon in jeder Sitzung leiten zu lassen.

DIE NON-DIREKTIVE GESPRÄCHSTHERAPIE NACH CARL R. ROGERS

Rogers, der Begründer der non-direktiven Gesprächstherapie ist auch ein Vertreter des Humanismus und ging von folgenden Grundannahmen über den Menschen u.a. aus:

- Der Mensch ist eine von Natur aus gute Person, die ihren eigenen Wert in sich trägt.

- Jeder Mensch besitzt die Kraft zu seiner Entwicklung und zur Lösung seiner Probleme bereits in sich.

- Jeder Mensch strebt mit zunehmender Selbstständigkeit nach Selbstverwirklichung und Sicherung seines Fortbestehens.

- Der Mensch kann zwischen verschiedenen Daseinsentwürfen wählen und übernimmt so die Verantwortung für die Entwicklung der eigenen Persönlichkeit.

DIE PERSÖNLICHKEIT EINES THERAPEUTEN

Das Verhalten eines Therapeuten beeinflusst und prägt ganz entscheidend den Aufbau einer helfenden Beziehung, deren weiterer Entwicklung und somit das Ausmaß der Entwicklung des Klienten. Rogers nennt und erläutert drei Qualifikationen, die ein Therapeut besitzen oder sich erarbeiten sollte:

- Kongruenz (Authentizität)

  Hiermit ist eine Übereinstimmung von innerer Haltung (Gefühlen und Gedanke) und äußerer Handlung (Wort, Verhaltensweisen) gemeint.

  Im Sinne dieser Echtheit des Therapeuten wird der Aufbau einer tragfähigen Vertrauensbasis ermöglicht, die dann wiederum die Voraussetzung für Identifikationsprozesse innerhalb der Persönlichkeitsentwicklung des Klienten ermöglicht.

- Bedingungslose Zuwendung

  Der Therapeut soll jeden Klienten bedingungslos akzeptieren und respektieren. Die Akzeptanz sollte dabei nicht an Leistungen orientiert sein, sondern bedingungslos sein. Diese vielleicht völlig neue Erfahrung der Anerkennung und Bestätigung des Klienten durch den Therapeuten stärken dann sein Selbstwertgefühl und helfen in Folge, ein schwaches Selbstwertgefühl aufzubauen.

- Empathisches Verstehen

  Die Fähigkeit des Therapeuten, sich in den Klienten einzufühlen zu können, seine Gefühle zu erkennen, zu verstehen und letztendlich nachempfinden zu können, bezeichnet man als empathisches Verstehen. Hierzu gehört auch echtes Mitgefühl und menschliche Wärme

Ich hatte schon einige Kinder und Jugendliche bei mir in der Praxis und immer hatte ich den Eindruck, dass sie sich bei mir sehr wohl gefühlt hatten. Einerseits vielleicht, weil meine Praxis eben nicht klinisch aussieht, wie bei einem niedergelassenen Arzt oder Psychologen und aber andererseits vielleicht auch, weil ich mich immer bemühe, ihnen unabhängig von ihrem Alter mit Respekt zu begegnen. Dazu gehört für mich auch, es ihnen immer selbst zu überlassen, ob wir einen zweiten Termin ausmachen sollen, oder eben auch nicht. Es gab übrigens immer weitere Termine.

Ich bekam einen Anruf von einer jungen Mutter, die um einen Termin für ihren Sohn aufgrund von Verhaltensauffälligkeiten bat. Wir vereinbarten ein Aufnahmegespräch zu dritt und noch während des Aufnahmegesprächs turnte der kleine Mann schon an den Holzbalken in meiner damaligen Praxis herum und der Mutter war dies sichtlich unangenehm. Als wir in Folge einen zweiten Termin für eine Traumreise ausmachen wollten, entschied sich der Junge dazu, gleich da zu bleiben, schickte seine Mutter aus der Praxis und konnte sich auf ganz erstaunliche Art und Weise sehr gut entspannen. Nach einigen weiteren Sitzungen, in denen ich auch mit Hypnose arbeitete, verbesserte sich in kurzer Zeit so weit sein ganzes Verhalten, dass er nicht mehr kommen brauchte.

Aber jetzt zeigte seine Schwester ein auffälliges Verhalten, in dem sie sich noch mehr, wie schon vorher in der Schule und mit den Hausaufgaben, unter Druck setzte. Auch sie kam gleich mehrere Sitzungen zu mir und musste nach ihrer letzten Hypnosesitzung mit viel energischem Ansprechen ihrer Mutter aus meiner Praxis bugsiert werden.

Was soll ich sagen? Ihre Mutter fragte im Anschluss auch noch nach einem Termin für sich selbst bei mir.

Selbstverwirklichung im Berufsleben

Klingt gut, nicht wahr? Aber ich fürchte, dass mehr Menschen auch in Deutschland, diesem reichen Land, sich in ihrem Beruf und ihrer aktuellen Stelle nicht selbst verwirklichen können. Sie haben vielleicht etwas gelernt, weil der Vater dies bestimmt hat, oder haben selbst einen Beruf gewählt, um später ein gutes Gehalt zu bekommen. Vielleicht haben sie nach einem Konflikt auf der Arbeit übereilt gekündigt, sich selbstständig gemacht und sind jetzt völlig überfordert, mit all dem, was auf sie jetzt zukommt.

Meine Mutter wollte Lehrerin werden und blieb dies auch mit viel Engagement ihr Leben lang bis zu Ihrer Pensionierung. Ihr Vater, mein Opa, wollte gerne Lehrer werden, musste als Sohn eines Tiroler Bauern vom Arlberg aber Geld verdienen und ging zur ÖBB. Ich hätte Lehrerin werden sollen, habe rebelliert, mich mit allen Mitteln gewehrt, bin vom Gymnasium, sehr zur Verzweiflung meiner Mutter, abgegangen und liebe jetzt das Unterrichten oder das Halten von Seminaren.

Dabei hatte meine Mutter noch Glück gehabt. Geboren anno 1930 war das Ziel einer jeder Frau zu dieser Zeit doch eher zu heiraten, Kinder zu bekommen. Sollte sie vorher etwas lernen, muss es nicht lang und schwer sein, weil sie ja sowieso heiratet und dann ganz – als Hausfrau und Mutter – in ihrer Rolle aufgeht. Der Mann war damals der Ernährer und er bestimmte, was in der Familie geschah.

Heutzutage hat sich alles nun zum Glück verändert. Wir Frauen sind emanzipiert, so heißt es jedenfalls, die Männer und die Frauen gehen gleichberechtigt zusammen zur Arbeit und die Kinder laufen oft, zu oft, einfach nebenher. Nur die Doppelbelastung von Beruf, Kinder und Haushalt haben seltsamerweise immer noch meistens die Frauen zu tragen, denn viele Männer sind oft den ganzen Tag weg von daheim, in leitender Position tätig oder fliegen zu Meetings rund um die Welt. Da macht es ja doch Sinn, so wie früher eine Frau zuhause zu haben, die alles organisiert und den heimatlichen Laden zusammenhält. Ob sie sich abends so erfüllt fühlt und gar das Gefühl hat, sich selbst zu verwirklichen, was meinen Sie?

Warum sind immer noch so viele Frauen unterbezahlt in helfenden und pflegenden Berufen und so wenig Frauen gut bezahlt als Wissenschaftlerin oder IT-Spezialistin unterwegs? Ist das eben die Anlage oder die Berufung oder entscheiden hier einfach auch die Kosten für ein teures Studium und eine vergleichsweise günstige Ausbildung?

Für mich war es immer wichtig zu lernen und immer wieder aufs neue, mein Wissen auszubauen. Als ich drei Jahre als Erzieherin damals in der Lebenshilfe in meinem Heimatort tätig war, konnte ich mir nicht mehr vorstellen, nur dies ein Leben lang zu tun

und ich begann mit vierundzwanzig Jahren die Ausbildung zur Heilpädagogin. Verschiedene Aufga-
benbereiche und einige Stellen weiter entschloss ich
mich, mit sechsunddreißig Jahren die Ausbildung
zur Heilpraktikerin für Psychotherapie zu machen
und habe seit dem Abschluss 2002 eine Praxis für
Psychotherapie in Lindau/ Bodolz. Dort begleite ich
auch Menschen in Krisen und im Umbruch und versuche immer, meine Klienten zu ermutigen, sich
selbst zu verwirklichen und von den inneren Zwän-
gen zu befreien, und oft, nicht immer, gelingt mir
dies ganz gut.

- Wollten Sie den Beruf, den sie ausüben immer
  schon machen oder wollten Sie eigentlich immer
  schon etwas anderes machen?
- Gehen Sie jeden Morgen gerne zur Arbeit oder
  eher mit Magenschmerzen, weil es Konflikte dort
  gibt?
- Ist Ihr Chef, Ihre Chefin wertschätzend zu Ihnen?
  Bekommen Sie Lob, Anerkennung oder nur Kritik?
- Fühlen Sie sich als gleich berechtigtes Mitglied im
  Team oder eher nicht?

Schreiben Sie jetzt alles auf und lassen Sie sich bitte
genug Zeit dafür. Dann legen Sie Ihren Stift weg,
schließen Ihre Augen und spüren dem nach, was ist.

Wie geht es Ihnen jetzt?

- Fühlen Sie sich rundherum wohl in Ihrem Beruf, Ihrer Anstellung und Position und denken nicht im Traum daran, diese Stelle zu wechseln? Glückwunsch!

- Oder fühlen Sie sich gar nicht wohl, dort wo sie arbeiten? Haben Sie es nur Tag für Tag verdrängt? Jetzt in dem Moment spüren Sie vielleicht, dass die Frustration zu groß ist, um sie weiterhin zu ignorieren und Sie wissen aber auch nicht, was sie tun sollen?

Ich habe schon einige Personen im beruflichen Umbruch in meiner Praxis gehabt und immer sind sie sich zwar darüber klar, was sie nicht mehr wollen, aber sie wissen überhaupt nicht, was sie statt dessen wollen. Sie wissen nichts mehr über ihre ursprünglichen Berufswünsche und scheinen auch sich über ihre Begabungen gar nicht mehr im Klaren zu sein. Meist ist ihr Selbstbewusstein auch schon sehr in Mitleidenschaft gezogen, denn nicht nur einmal spielten auch Mobbingvorfälle bei dem Unglücklichsein im Job und der beruflichen Umorientierung eine Rolle.

Daher würde ich jetzt gerne ein wenig auf dieses Thema eingehen und Ihnen erzählen, wie Sie sich schützen können, damit es gar nicht soweit kommt, oder was angesagt ist, wenn Sie bereits gemobbt werden.

MOBBING ERKENNEN UND VERMEIDEN

»Der Begriff Mobbing beschreibt negative kommunikative Handlungen, die gegen eine Person gerichtet sind (von einer oder mehreren anderen) und die sehr oft und über einen längeren Zeitraum hinaus vorkommen und damit die Beziehung zwischen Täter und Opfer kennzeichnen..«[7]

Mobbing findet nach Leymann immer auf fünf Ebenen statt:

1. Angriffe auf die Möglichkeit sich mitzuteilen
2. Angriffe auf die sozialen Beziehungen
3. Angriffe auf das soziale Ansehen
4. Angriffe auf die Qualität der Berufs- und Lebenssituation
5. Angriffe auf die Gesundheit

Wer kennt das nicht?

Man ärgert sich an einem Tag auf der Arbeit über eine Kollegin. Bei einem wichtigen Meeting unterbricht ein Kollege einen immer wieder, wenn man etwas zu sagen hat. Oder der Chef übt scharfe Kritik, wie man meint, zu Unrecht.

---

7   Heinz Leymann

Natürlich geht man an einem Tag vielleicht verärgert nach Hause und wenn all das mehrmals passiert, ist das nicht schön, aber auch der ganz normale Berufsalltag. Mobbing ist dies noch lange nicht.

Erst dann, wenn ein ganz bestimmtes Verhalten mehrmals die Woche und über einen längeren Zeitraum vorkommt – man redet da von sechs Monaten –, könnte es sich dabei um Mobbing handeln. Sicher ist das erst, wenn die Situation genauer analysiert wird und auch ein Mobbing-Tagebuch über einen längeren Zeitraum geführt wird, denn die Beweislast hat leider bei Mobbing der oder die Betroffene. Und selbst dann, wenn sich herausstellt, dass hier der Tatbestand von Mobbing vorliegt, gibt es eine ganze Menge Möglichkeiten zu handeln. Aufgeben ist da sicher die letzte Option.

Gerichtliche Klagen gegen den Arbeitgeber dauern allerdings lang, sind nervenaufreibend, kostenintensiv und sollten wirklich nur im äußersten Notfall durchgeführt werden. Ich habe meinen Klienten bis jetzt eher davon abgeraten.

Die Erfahrung zeigt, dass Mobbing in der Regel in aufeinander folgenden Phasen abläuft. Manchmal kann ein beginnendes Mobbing durch ein klärendes Gespräch gleich zu Beginn noch gestoppt werden, aber manchmal eben auch nicht.

Phase 1: Ungelöster Konflikt

Ein Konflikt geschieht, steht ungelöst im Raum und es kommt zu den ersten vereinzelten persönlichen Angriffen.

Phase 2: Der Psychoterror beginnt

Der Konflikt, um den es eigentlich geht, gerät in den Hintergrund und die betroffene Person wird immer mehr und immer stärker die Zielscheibe für systematische Schikanen.

Phase 3: Arbeitsrechtliche Sanktionen

Die stark gemobbte Person ist extrem stark verunsichert, macht immer mehr Fehler und es folgen Abmahnungen, Versetzungen und sogar die Androhung von Kündigung.

Phase 4: Der Ausschluss

Die betroffene Person kündigt selbst oder ihr wird gekündigt

FALLBEISPIEL – MOBBING IN DER ALTENPFLEGE

Ich hatte vor längerer Zeit eine Klientin, die während ihrer Ausbildung zur Altenpflegerin bereits das Opfer von Schikane und Mobbing war. Seltsam daran war, dass sie auch in der Stelle, die nach der Ausbildung folgte, erneut gemobbt wurde. Doch warum war das so?

Meine Klientin war eine gutmütige und offene Frau, die auch auf der Arbeit über ihr Privatleben redete. Das ist ja nicht schlecht, gerade als vertrauensbildende Maßnahme, aber sollten da auch sehr persönliche Dinge den Kollegen anvertraut werden, können diese leider diese Informationen im Konfliktfall gegen einen verwenden und genau das war das immer wiederkehrende Muster in ihrem Falle. Am Schluss war die liebe Kollegin dann plötzlich die neue Vorgesetzte, wusste viel zu viel über das Privatleben ihrer Angestellten und verwendete dies dann auch, um hinter ihrem Rücken dazu Stimmung zu machen.

Ich riet meiner neuen Klientin dringend, ab sofort keinerlei Information jedweder Art auf der Arbeit zu erzählen und Beruf und Privatleben strikt zu trennen. Die erste Hausaufgabe bestand darin, sich ein Mobbing-Tagebuch anzulegen und dies tagtäglich zu führen. Zudem riet ich ihr, bei der zunehmenden psychosomatischen Belastungen, die sie körperlich empfand, sich auch an ihren Hausarzt zu wenden und sich bei Bedarf krankschreiben zu lassen.

In den folgenden Beratungen versuchte ich, mir ein Bild davon zu machen, ob der Verbleib in ihrer aktuellen Stelle überhaupt noch Sinn machte, oder ob es nicht besser wäre, die Stelle zu wechseln und irgendwo unbelastet zu starten. Als sich dann durch mehrwöchige Dokumentation herausstelle, dass es sich ganz offensichtlich um Mobbing handelte und sich die berufliche Situation immer mehr zuspitzte, entschloss sich meine Klientin die Stelle zu kündigen.

Parallel dazu erfuhr sie von einer anderen Stelle und bewarb sich dann dort. Sie bekam die Stelle, blieb aber noch einige Sitzungen bei mir, und ich spürte bei ihren Erzählungen, dass sie immer wieder in Gefahr war ins alte Fahrwasser zu geraten.

Es gibt Personen, die nie im Leben Opfer von Mobbing werden und dann gibt es Personen, die sich scheinbar immer wieder unbewusst als Opfer anbieten und erst die anderen zur Grenzüberschreitung auf den Plan rufen. Warum ist das so?

Sie erinnern sich vielleicht noch an die Stressverstärker von Prof. Dr. Kaluza und an den Stressverstärker *Sei beliebt*«? Alle Klienten, die bei mir aufgrund eines vermuteten oder auch tatsächlich stattfindenden Mobbing waren, hatten genau diesen Stressverstärker extrem ausgeprägt. Nun was heißt das denn in Bezug auf Mobbing?

Wenn es mir so wichtig ist, dass meine Kollegen mich mögen, dann bin ich lange, viel zu lange bereit, Zugeständnisse zu machen. Dann tausche ich immer wieder den Dienst, wenn ein Kollege tauschen will, dann komme ich auch, wenn ich frei habe auf die Arbeit, lasse mich immer wieder schlecht behandeln und wehre mich nicht einmal. Ich vermeide immer mehr Konflikte, verhalte mich brav, angepasst und gebe immer mehr völlig meine Handlungsfähigkeit auf.

Mein größter Wunsch ist dabei nach wie vor, dass die Anderen mich mögen und dass ich dazugehören darf. Und dafür bin ich dann fast zu jedem Preis bereit. Nur damit machen wir uns eben auch erpressbar und manipulierbar, denn die Kollegen und auch unser Chef spüren genau, wo unser wunder Punkt ist und setzen dort immer wieder aufs Neue an.

Kommt Ihnen das alles ein wenig bekannt vor? Werden Sie zur Zeit gemobbt oder kennen Sie jemanden, dem das gerade passiert?

Dann hätte ich Ihnen hier ein paar bewährte Ratschläge, die aber auch hier die ausführliche Mobbing-Beratung bzw. Therapie nicht ersetzen können:

- Wehren Sie sich frühzeitig
- Suchen Sie als erstes eine Aussprache mit dem »Täter«
- Forschen Sie nach der Ursache des Konfliktes
- Signalisieren Sie vor allem zu Beginn Kompromissbereitschaft
- Sprechen Sie Kollegen an und suchen Sie dort Verbündete
- Führen Sie ein Mobbingtagebuch
- Schalten Sie den Betriebsrat oder Personalrat ein.
- Suchen Sie sich externe Beratung (Psychologe / Rechtsanwalt)
- Reden Sie mit Ihrem Hausarzt und beantragen Sie evtl. eine REHA

Gehen Sie ganz bewusst aus der Opferrolle hinaus und holen Sie sich Ihre Handlungsfähigkeit zurück!

Vielleicht sind ja Ihre Kollegen von heute, Ihre Entwicklungshelfer von morgen, ohne die Sie nie an der neuen, besseren Stelle angekommen wären, wer weiß?

Wie auch immer, bitte denken Sie immer daran:

»Wer die Freiheit aufgibt um Sicherheit zu gewinnen, wird am Ende beides verlieren.«[8]

---

8   Benjamin Franklin

SYSTEMISCHE PAARBERATUNG

SIND SIE GLÜCKLICH IN IHRER BEZIEHUNG?

Der Philosoph, der hinter Carl R. Rogers und seiner non-direktiven Gesprächstherapie steht, heißt Martin Buber. Eines seiner am bekanntesten Zitate: *»Der Partner als Katalysator zum Wachsen in Freiheit.«*

Sind wir einmal ehrlich: wer sieht und vor allem lebt das immer in seinen Beziehungen?

- Meinen wir nicht eher, unser Partner müsste immer bedingungslos für uns da sein und uns alle unsere Wünsche erfüllen, nein, sie sogar von unseren Augen ablesen, egal was er sich in dem Moment für sich selbst wünscht?

- Meinen wir nicht oft, zu oft, man müsste in einer glücklichen Beziehung immer alles zusammen machen und alles gemeinsam teilen, und nehmen so dem Anderen buchstäblich die Luft zum atmen?

- Meinen wir nicht viel zu oft, dass all unser Unglück und unsere Enttäuschung allein die Schuld unseres Partners ist, weil er uns einfach nicht glücklich macht?

- Und sind wir nach einer Trennung und einer neuen Liebe völlig perplex, wenn der neue Mann an unserer Seite wieder genauso tickt wie unser Ex-Mann und wir verstehen die Welt nicht mehr?

Egal, ob Sie aktuell unglücklich liiert, verliebt, verlobt oder verheiratet sind, Sie müssen es nicht bleiben. Es gibt immer einen Weg und der ist, die Arbeit an Ihnen selbst.

Am Besten aufgehoben, wären Sie da bei einem erfahrenem Paarberater bzw. Paartherapeut, der Sie auf diesem neuen Weg einfühlsam begleitet. Und nein, es ist tatsächlich gar nicht notwendig, dass Ihr aktueller Partner den Weg beim Therapeut mit Ihnen geht. Paarberatung funktioniert auch im Einzelsetting. Oft allerdings wächst im Partner mit der Zeit der Beratung bzw. Therapie, die Bereitschaft dorthin mitzugehen, weil er spürt, dass sich beim Partner, der Partnerin etwas positiv verändert. Und dann gewinnt natürlich die Paarberatung weiter an Fahrt und viele Gefühle, Gedanken und Meinungen können ehrlich und offen gemeinsam vor einem neutralen Dritten ausgesprochen werden.

Die hohe Kunst in der Beratung ist es dann, auf jeden Fall unparteiisch zu bleiben und sich nicht auf die Seite des einen oder anderen zu schlagen.

EINIGE FALLBEISPIELE AUS DER PAARBERATUNG

Ich durfte in all den Jahren schon einige Paare in Krisen beraten und viele hat die Krise stärker und danach näher zueinander gebracht:

• Dabei war ein Paar, das sich offensichtlich sehr liebte, aber die Herkunftsfamilie mischte sich noch ständig zu sehr in die neue, kleine Familie ein und die Partnerin und Mutter des gemeinsamen Kindes fühlte sich von ihrem Partner verraten und im Stich gelassen. Als der Mann erkannte, wie sehr er dadurch seine Partnerin verletzte und was für ihn dabei auf dem Spiel stand, gelang es ihm, sich immer mehr und mehr von seiner Mutter abzugrenzen. Heute sind sie schon lange glücklich verheiratet und haben sogar noch ein zweites Kind bekommen.

- Oder ein Mann zieht nach einem Streit aus der gemeinsamen Wohnung aus, beginnt alleine eine Paarberatung, nach einigen Sitzungen kommt die Partnerin auf seine Bitte mit in die Beratung. Es beginnen durchaus schwierige Gespräche für beide, aber noch während der laufenden Paarberatung zieht er wieder zuhause ein, nimmt sich jetzt endlich mehr Zeit für seine Kinder und baut zu beiden eine ganz intensive Beziehung auf. Am Schluss ist die Liebe beider Eheleute größer als je zuvor.

- Nicht immer schafft eine Paarberatung beide Partner wieder zusammenzubringen, manchmal ist es auch vorbei, aber der eine oder andere will es einfach nicht sehen. Ich hatte eine junge Klientin, die zu mir kam, weil ihr Freund sich von ihr getrennt hatte und sie sehr traurig darüber war. Wir vereinbarten ein paar Einzelsitzungen, danach fragte sie ihn, ob er zu einer Paarberatung mitkommen würde und er stimmte ganz offensichtlich ihr zuliebe dem zu. Der junge Mann war ganz klar, mutig und sagte ihr noch einmal vor mir den Grund der Trennung, und nein, es war nicht eine andere Frau. Er ließ sich durch ihre Tränen auch nicht umstimmen und so verließen sie zwar gemeinsam aber doch getrennt meine Praxis. Aber meine Klientin wünschte dennoch in Folge weitere Sitzungen bei mir und wuchs innerlich von Woche zu Woche, bis sie selbstbewusst meinte, sie schaffe es jetzt allein.

Allen meinen Paaren, die zu mir in die Beratung kamen, gab ich stets als Hausaufgabe das regelmäßige Durchführen des Zwiegespräches und bei allen hat dies auf Dauer sehr viel verändert. Man nähert sich dadurch ganz unweigerlich dem anderen wieder an, hört, was den Anderen wirklich beschäftigt und kann auch seine eigenen Gefühle und Gedanken in Ruhe dem Anderen mitteilen.

Probieren Sie das Zwiegespräch doch bei einer nächsten Gelegenheit einfach mal gemeinsam aus und sind Sie bitte nicht zu sehr überrascht, wenn sie von neuen Gefühlen und Gedanken von ihrem Partner hören. Seien Sie versichert: ihm geht es mit Ihnen genauso!

Wir alle glauben nach Jahren der Beziehung mit unserem Partner, ihn in- und auswendig zu kennen, zu wissen, was er will oder was er braucht und wir fragen ihn gar nicht mehr danach. Wir reden generell viel zu wenig miteinander, und wenn, dann eher über banale Dinge, aber nicht darüber, wie es einem zur Zeit wirklich geht.

Bei jungen Eltern zum Beispiel geht es natürlich immer sehr viel über die Kinder, aber sie dürfen sich selbst als Ehe- und Liebespaar dabei nicht vergessen, was aber leider ganz oft passiert.

DAS ZWIEGESPRÄCH VON MICHAEL LUKAS MOELLER UND CELIA FATIA

1. Wählen Sie zusammen einen Zeitpunkt mindestens einmal die Woche und führen Sie ein Zwiegespräch durch.

2. Sorgen Sie für Ungestörtheit (kein Telefon, keine Störung durch Kinder).

3. Setzen Sie sich von Angesicht zu Angesicht gegenüber.

4. Das Thema ist, das was sie bewegt (wie erleben Sie sich, den anderen, die Beziehung?).

5. Sprechen und Zuhören sollten gleich verteilt sein (15 Minuten reden / 15 Minuten zuhören).

6. Der Partner darf nicht unterbrochen werden, es dürfen keine Fragen gestellt werden.

7. Machen Sie bitte immer zwei Durchgänge.

8. Sorgen Sie für eine Regelmäßigkeit der Zwiegespräche.

Systemische Aufstellungsarbeit – Ein Weg zur inneren und äusseren Freiheit

Jahrelang dachte ich, dass die Heilhypnose mein liebstes und bestes therapeutisches Mittel ist. Dann machte ich eine Paarberaterausbildung, lernte dort die Aufstellungsarbeit im kleinen Kreis kennen und da sprang der Funke über. Ich absolvierte in Folge bei Dr. med. Albrecht Mahr eine einjährige Weiterbildung in der Integrativen Praxis der Systemarbeit. Seitdem arbeite ich in meiner Praxis im Einzelsetting mit Aufstellungen und leite an der Paracelsus Schule im Fachbereich Heilpraktiker für Psychotherapie große Aufstellungsgruppen. Und das, was ich da immer wieder sehe und erlebe, hat mich tief beeindruckt und daher freue ich mich auf jede neue Aufstellung.

Was sind eigentlich Systemaufstellungen?

»Systemaufstellungen sind ein systemisch-phänomenologischer Ansatz, der das Ziel hat, mithilfe von stellvertretender Wahrnehmung heilende und transformative Einsichten in verborgene Dynamiken menschlicher Systeme zu gewinnen.«[9]

---

9   Dr. med. Albrecht Mahr

Familienaufstellungen haben das Ziel, Leiden zu lindern oder gar aufzuheben. Dies funktioniert durch das Lösen von Verstrickungen und durch Trauma-Arbeit.

Organisationsaufstellungen dagegen haben das Ziel, die Arbeitsfähigkeit des Teams, der Abteilung oder der Firma wiederherzustellen.

DIE AUFSTELLUNGSARBEIT IM EINZELSETTING

Die Aufstellungsarbeit kann sowohl im Einzelsetting, als auch in der Gruppe durchgeführt werden.

Folgende Werkzeuge können im Einzelsetting eingesetzt werden:

- Bodenanker: farbige Papiere, Filzstücke, Schuhe, Kissen, Stühle.

- Zum Beispiel Playmobil®-Figuren[10], kleine Puppen, INSZENARIO®-Figuren[11]

- Steine, Holz

- Der Therapeut dient als Stellvertreter

---

10 Playmobil® ist eine eingetragene Marke der geobra Brandstätter Stiftung & Co. KG, 90513 Zirndorf, DE

11 INSZENARIO® ist eine eingetragene Marke von König, Gunter, Dipl.-Psych., 74523 Schwäbisch Hall, DE

Eine junge Frau litt sehr unter ihrer familiären Situation und wünschte sich eine klärende Aufstellung, die wir mithilfe des INSZENARIO®-SET durchführten. Ihr Anliegen war gleich gefunden und lautete *»Mein Platz im Leben«*. Nachdem wir besprochen hatten, welche Familienmitglieder, wir für ihre Aufstellung benötigten und meine Klientin versicherte, diese auch aufstellen zu dürfen, begann die Aufstellung.

Nach und nach stellte sie die Figuren auf, zuerst für sich und dann für ihre ganze Familie. Auffällig war gleich, dass sie sich ganz dicht mit Schulterschluss neben ihre Mutter stellte, ihren Vater positionierte sie weit weg. Am Ende der Aufstellung stand sie deutlich als Mittelpunkt dieser Familie da, was genau den Tatsachen und auch ihrer diesbezüglichen Überforderung entsprach. So versuchte sie, die Mutter auch im alltäglichen Leben ständig zu entlasten und war eigentlich die Mutter der Mutter. Darüber hinaus focht sie auch immer wieder stellvertretend den Kampf der Mutter mit dem getrennt lebenden Vater aus und erhob sich dadurch über ihren Vater.

Die stärksten Gefühle von ihr gingen zum Vater und wir vereinbarten,, den offensichtlichen Kernkonflikt anhand von Bodenankern im Nebenraum meiner Praxis zu bearbeiten. Sie legte zuerst für sich einen Bodenanker auf den Boden, lud ihn damit mit ihrer

Energie und legte dann auch noch einen Bodenanker für ihren Vater, lud auch ihn mit seiner Energie und stellte sich schließlich auf ihren eigenen Bodenanker.

Ich stellte mich als ihre Therapeutin auf den Bodenanker des Vaters und spürte in mich hinein. Dann hatte die Klientin das Wort. Sie spürte als Tochter ganz viel Wut, Zorn aber auch Trauer und ich spürte auf meinem Bodenanker ganz viel Einsamkeit, viel Schuldgefühle und die Sehnsucht als Vater, zur Tochter zu gehen. Ich forderte meine Klientin auf, ihrem Vater an dieser Stelle all das zu sagen, was sie sie ihm immer schon sagen wollte. Sie tat es und schonte ihn in keiner Weise. Was bei mir als Stellvertreterin des Vaters ankam, war Trauer und ein unsagbar schlechtes Gewissen. Nach einer Weile vertauschten wir die Plätze und die Tochter spürte selbst in die Gefühle des Vaters hinein und da kam die Wendung. Als sie selbst spürte, wie einsam und voller Schuldgefühl sich ihr Vater fühlte, und dennoch völlig unfähig war, den ersten Schritt zu tun, kam eine große Sehnsucht auf, sich ihrem Vater zu nähern und sie kam dem ein wenig nach. Die Nähe rührte die Klientin sehr und sie spürte mit einem Mal, wie sie ihren Vater auch vermisste. Nach einer Weile und in Absprache mit meiner Klientin beendete ich die Aufstellung und ich kann mich noch gut an das Gefühl von Ruhe und Frieden erinnern.

Das Nachgespräch war geprägt von einer großen Wehmut bei meiner Klientin. Ich riet ihr, den Kontakt zu ihrem Vater wieder aufzunehmen und sich von dem latenten Mutter-/Vaterkonflikt abzugrenzen, weil sie dafür nicht zuständig sei. Eine Woche später erhielt ich eine SMS von ihr, in der sie schrieb, sie habe den Kontakt zum Vater bewusst von sich aus gesucht und ihm nach Weihnachten sogar ein Geschenk gebracht.

Albrecht Mahr hat immer gesagt:: *»Aufstellungsarbeit ist Friedensarbeit«*. Wie wahr!

DIE FAMILIE ALS SYSTEM – MEIN SYSTEM

Die Familie ist ein System und zur Familie gehören alle Mitglieder.

Egal ob sie leben, oder ob sie tot sind, niemandem darf die Zugehörigkeit zum System *»Familie«* verwehrt werden. Zu den Mitgliedern einer Familie zählen auch Fehlgeburten, Totgeburten, abgetriebene Kinder und ausgegrenzte Familienangehörige, die zum Beispiel seit Jahren in der Psychiatrie leben und über die kein Mensch je mehr ein Wort verliert.

Eine Ausgrenzung dieser Menschen hat immer schwerwiegende Folgen für das ganze System Familie, denn oft solidarisiert sich ein Familienmitglied, manchmal ein jüngeres Familienmitglied, unbewusst mit dem ausgeschlossenen Familienmitglied, das es gar nicht zu kennen braucht und zeigt in Folge ein auffälliges Verhalten oder erkrankt schwer und opfert sich sozusagen auf.

In Aufstellungen in Gruppen zeigt sich das immer überdeutlich durch einen Blickkontakt, ein Lächeln oder eine körperliche Nähe zwischen beiden Stellvertretern. Wenn wir dann in einer Aufstellung diese ausgeschlossenen Menschen bei ihrem Namen nennen, ihnen die Zugehörigkeit wieder geben und sie teilhaben lassen, dann verändert sich immer sehr schnell sehr viel.

Nicht nur einmal zog sich in Folge das Symptom der Krankheit oder Störung eines sich opfernden Familienmitgliedes zurück und der Stellvertreter des Symptoms äußerte sich folgendermaßen: »Jetzt kann ich gehen, ich werde hier nicht mehr gebraucht.«

Auch die anderen Familienmitglieder sind danach freier und liebevoller zu einander, wie wenn ein großes Unrecht behoben wäre. Ist es ja auch.

Ich weiß, das hört sich jetzt für jemanden, der das noch nie gesehen oder auch selbst gespürt hat, sehr seltsam an, aber ich kann ihnen versichern, dass ich dies selbst in Dutzenden von Aufstellungen genau so gesehen und erlebt habe.

Und weil ich diese Erfahrung und dieses Wissen inzwischen habe, höre ich immer in meinen Aufnahmegesprächen genau hin, wenn ich von toten oder ausgeschlossenen Mitgliedern einer Familie erfahre und parallel dazu eine Störung vorliegt, die manchmal sogar zeitgleich begann.

Eine Klientin, die lediglich eine Hypnose zur Gewichtsreduktion wünschte, erzählte plötzlich im Aufnahmegespräch unter Tränen von ihrer Fehlgeburt und von ihrer Unfähigkeit, mit Ihrem Mann darüber zu reden, weil er nicht verstünde, warum sie so trauere. Auf meine Frage hin, was denn ihre Phantasie wäre, was es denn gewesen sei, meinte sie sofort: »Ein Mädchen«.

Ich riet ihr noch im Aufnahmegespräch, ihrem Kind einen Namen zu geben, einen Platz zuhause zu schaffen und vielleicht anstatt eines Photos, das es ja nicht gab, einen Engel, wenn sie so etwas habe und schön fände, hinzustellen. Zwei Tage später bekam ich eine Nachricht: Sie hatte einen Platz in der Wohnung gefunden und sie schickte mir auch das Bild mit Engel, Blumen und Kerze.

Beim zweiten Termin wirkte sie viel befreiter und bekam auch noch ihre gewünschte Hypnose.

WIR SIND ALLE, MEHR ALS WIR AHNEN, MIT UNSERE AHNEN IMMER NOCH VERBUNDEN.

Man weiß heutzutage, dass selbst die Auswirkungen vom zweiten Weltkrieg, das Handeln der Täter und aber auch das Leiden der Opfer bis in die heutigen Generationen reichen können. Dabei gibt es das Phänomen der übernommenen Gefühle. Doch was sind denn übernommene Gefühle?

Das sind Gefühle, die ursprünglich nicht von uns selbst sind, die wir aus Liebe »übernommen« haben von einem Ahnen, dem wir nahe sind, aus welchen Gründen auch immer. Ein Erkennungsmerkmal für übernommene Gefühle ist die Unveränderlichkeit, das heißt, diese Gefühle sind nicht lernfähig.

Kennen Sie das vielleicht?

- Sie fühlen sich schon Ihr Leben lang schuldig und wissen nicht warum? Sie wissen zum Beispiel nur von Erzählungen, dass Ihr Opa als Aufseher im KZ gearbeitet hat.

- Sie haben immer schon Angst und wissen nicht wieso? Sie haben aber gehört, dass Ihre Großmutter im Krieg vor den Russen geflüchtet ist.

- Sie haben immer richtig gehende Panik,dass Ihr Geld nicht reicht, wissen aber auch, dass Ihrer Familie im Krieg alles genommen wurde.

In all diesen Fallbeispielen liegt der begründete Verdacht nahe, dass es sich hier um übernommene Gefühle von Ihren Ahnen handeln könnte. Eine Aufstellung wäre hier sehr aufschlussreich und heilsam für alle Beteiligten.

DIE FAMILIENAUFSTELLUNG IN DER GRUPPE

Begonnen wird die Aufstellung immer mit dem Formulieren des Anliegens. Das Anliegen ist der

Wunsch, das bestmögliche Ergebnis dieser Aufstellung.

Je genauer das Anliegen formuliert wird, umso genauer wird die Aufstellung. Darum braucht es auch manchmal ein wenig Zeit, bis das Anliegen gefunden und genau formuliert ist. Bei diesem Prozess steht der Aufstellungsleiter dem Klient hilfreich zur Seite.

Wenn das Anliegen steht, sucht derjenige, der aufstellen will, seine Stellvertreter aus. Meist beginnt er mit einem Stellvertreter für sich selbst und dann wird in Folge für jedes notwendige Familienmitglied ein Stellvertreter ausgewählt und im Raum positioniert.

Stellvertreter sind Kursteilnehmer, die sich zur Verfügung stellen und in Stellvertretung von der Mutter, des Onkels oder des Bruders aufstellen lassen. Sie spüren, sagen und fühlen Dinge, die sie eigentlich nicht wissen können, tun dies aber Dank des so genannten »wissenden Feldes«.

Dann setzt die Klientin sich wieder hin und der Aufstellungsleiter befragt nach und nach alle Stellvertreter nach ihren Gefühlen und Körperempfindungen und regt auch an, sich dorthin zu bewegen, wo man sich vielleicht wohler fühlt als im Moment und die Aufstellung gewinnt immer mehr an Dynamik.

Loyalitäten, Verbindungen, aber auch Verstrickungen werden ganz schnell und überdeutlich sichtbar und auch durch die Kommunikation der Stellvertreter untereinander wird das Thema, um was es geht, überdeutlich.

Nach einer gewissen Zeit wird dann auch die Person selbst, die die Aufstellung wünscht, in die Aufstellung hineingebeten und stellt sich in Folge zu ihrer Stellvertretung. Und auch an diesem Punkt gewinnt die Aufstellung wieder an Dynamik und es wird noch klarer, um was es eigentlich geht. Dies ist dann oft der Zeitpunk für heilende Sätze, die die Person – unterstützt von ihrer Stellvertreter – spricht.

Manchmal geht es in einer einer solchen Aufstellung auch darum, übernommene Gefühle wieder dahin zurück zu geben, wo sie hingehören. Dann lauten heilende Sätze wie folgt: »Ich habe es gern für Dich getragen, aber es ist zu groß und ich gebe es Dir hiermit wieder zurück!«. Dem Satz folgt eine Verbeugung und das Gefühl wird (in Form eines Gegenstandes), demjenigen vor die Füße gelegt, dem das Gefühl wirklich gehört.

Wenn die Person, der das Gefühl eigentlich gehört, das Gefühl als ihres wieder annimmt, ist dies wunderbar. Manchmal gelingt dies der Person aber auch nicht. In beiden Fällen ist dennoch die richtige Ordnung wieder hergestellt.

Nach der Aufstellung werden am Schluss alle Stellvertreter wieder entlassen und dann, aber erst dann, ist die Aufstellung beendet.

Danach folgt meist noch ein Gespräch mit der Klientin und aber auch mit und in der Runde aller, die an der Aufstellung anwesend waren, denn sie bezeugen durch ihre Anwesenheit, das, was gerade geschehen ist.

Ich war in den letzten Jahren in unzähligen Aufstellungen dabei, zuerst als Beobachterin, als Stellvertreterin, dann als Aufstellende und immer mehr auch als Aufstellungsleiterin.

Von Anfang an war ich völlig fasziniert, von dem was sich immer sehr schnell zeigte und wie scheinbar mühelos, Körpersensationen spürbar und auch Sätze den Stellvertretern über die Lippen kamen und das Staunen der Aufstellende, die so oft meinten: »Ja genau, das hat mein Mutter immer gesagt« oder »Ja meine Mutter hatte immer Magenschmerzen«.

Natürlich bewegt so eine Aufstellung die Stellvertreter, aber auch die, die dem nur als Beobachter folgen. Das Ergebnis lohnt sich auf jeden Fall immer.

Wenn am Ende einer Aufstellung eine gute Lösung gefunden ist, sich die Parteien in den Armen liegen und man Frieden spürt, dann hat man alles richtig gemacht.

Trauerarbeit

Viele Klienten, die ich in meiner Praxis hatte, litten schon viele Jahre sehr unter dem Tod eines geliebten Menschen. Sie hatten alle das Gefühl, nicht genug getan, sich nicht genug gekümmert zu haben und oft war es Ihnen auch nicht vergönnt, sich von ihrem geliebten Angehörigen zu verabschieden. In dem Fall fehlt etwas, unter Umständen, für immer. Wir können noch weniger loslassen und unser Leben weiter leben. Es scheint, als wären wir mit gestorben, aber das sind wir nicht und so soll es auch nicht sein.

Elisabeth Kübler-Ross, Ärztin und Psychotherapeutin, die Pionierin der Sterbebegleitung, die sich als Erste überhaupt zu Sterbenden ans Bett gesetzt hat und begonnen hatte, mit ihnen zu reden, hat ihre Erfahrung in der Arbeit mit Sterbenden in Bücher niedergeschrieben.

In ihrem Buch »*Interviews mit Sterbenden*« beschreibt sie ausführlich die fünf verschiedenen Trauerphasen, die Sterbende durchlaufen:

1. Phase: Nicht Wahrhaben wollen und Isolierung

2. Phase: Zorn

3. Phase: Das Verhandeln

4. Phase: Depression

5. Phase: Zustimmung

Nach Elisabeth Kübler-Ross durchläuft jeder Sterbende diese Phasen, manchmal auch in einer anderen Reihenfolge. Oft werden Phasen übersprungen, manchmal verharren Sterbende lange in der erste Phase und dann folgen die anderen Phasen schneller. Das Ziel am Ende ist aber immer das Erlangen von innerem Frieden und der Fähigkeit loslassen zu können.

Doch warum erzähle ich Ihnen das überhaupt, hier in einem Buch über das Glück und die Freiheit? Nicht nur die Sterbenden trauern und durchlaufen diese Phasen, sondern auch wir, die Angehörigen, die zurückbleiben, die vor lauter Schmerz nicht wissen, wie das Leben überhaupt weitergehen kann.

Und dann gibt es auch noch den »kleinen Tod«, die viele Tode, die wir in unserem Leben immer mal wieder sterben, die Trennung von unserem Freund, unserem Ehemann, mit dem es einfach nicht mehr geht, der Verlust des vertrauten Arbeitsplatzes oder auch die Diagnose einer schweren Erkrankung, die uns den Boden unter den Füssen wegzieht. All das will auch betrauert werden.

Doch Trauer braucht Zeit und Raum und haben wir beides heute überhaupt noch?

Früher gab es ein Trauerjahr. In diesem Jahr durfte man wirklich trauern, man zog sich vom gesellschaftlichen Leben zurück, die Frauen gingen in Schwarz und keiner setzte einen unter Druck, doch jetzt endlich mal die Trauer auch zu beenden.

Heute ist alles anders, schnelllebiger, man darf natürlich auch trauern, man darf natürlich die Tage vor und während der Beerdigung Urlaub nehmen, aber dann wird schon wieder vorsichtig angefragt, ob man nicht wieder kommen könnte. Unserer unendliche Trauer verunsichert auch unsere Mitmenschen, vor allem die, die so etwas noch nie erlebt haben.

Oft möchte man oft auch selbst schnell wieder funktionieren und manchmal ist auch eine zeitweilige Ablenkung auch gut und sinnvoll. Aber es besteht dabei auch immer die Gefahr, dass man mehr und mehr die Trauer verdrängt und sich ihr auch zu einem späteren Zeitpunkt nicht mehr stellt. Aber damit versäumen wir etwas ganz Wichtiges und auch wertvolles für unsere Lieben und auch für uns und unser weiteres Leben.

Viele Jahre nach dem Tod meiner Eltern führte mich mein erster Weg in meiner Heimatstadt noch immer zuerst auf das Grab meiner Eltern. Ich habe ihnen da stets eine Kerze angezündet, Blumen hingestellt, mit ihnen geredet und es hat mir immer geholfen. Lange, lange Zeit. Dann brauchte ich es allmählich immer weniger. Die Trauer wich immer mehr einer Dankbarkeit, dass sie da waren und ich fühlte mich freier und gestärkter als zuvor.

Doch was heißt das jetzt für uns?

- Trauer, die nicht zugelassen wird, sondern nur verdrängt wird, macht uns unlebendig und starr.
- Trauer, die nicht gelebt wird, verhindert auch das Bewusstwerden, Verarbeiten und Loslassen unserer Schuldgefühle, denn die gibt es immer.
- Trauer, die nicht zugelassen und nicht gelebt wird, macht uns leider auch oft krank, weil unser unbewusster Entschluss *»Ich folge Dir nach«* einer verhängnisvollen Krankheit den Weg ebnen kann.

Wir alle haben es nicht in der Hand, wann wir gehen, aber wir haben in der Hand unser Leben so zu leben, damit wir jeden Tag mit Freude und Dankbarkeit gehen können. Unsere Verstorbenen können gute Lehrmeister sein, wenn wir sie lassen. Durch sie können wir wieder lernen, wie kostbar das Leben ist, wie schnell es vorbei sein kann und wie wichtig es ist, unser Leben jeden Tag bewusst zu leben. Unsere Träume jetzt zu verwirklichen und das Leben jeden Tag in vollen Zügen zu verwirklichen, bis wir uns eines Tages wiedersehen.

FALLBEISPIEL – SCHULDGEFÜHLE DURCH DEN TOD DES BRUDERS

Ich erhielt vor vielen Jahren den Anruf einer jungen Frau, die vor Kurzem Mutter geworden war und die mich dringend um einen Termin bat. Wenige Tage später betraten gleich drei Personen meine Praxis: eine junge, völlig verunsicherte Frau und ihr Mann, der seine kleine Tochter im Körbchen trug. Die junge Frau berichtete mir im Aufnahmegespräch folgendes:

Nach einer völlig komplikationslosen Schwangerschaft und Geburt der Tochter begannen bei ihr ganz diffuse Angstzustände, ihrer kleinen neugeborenen Tochter könne etwas geschehen. Das Bild, das sie seitdem stets hatte, war, dass ihre kleine Tochter morgens tot im Bett liegen würde. Seitdem konnte sie nichts und niemand von dieser Vorstellung abbringen. Das schlimmste an allem war, dass sie überhaupt nicht verstand warum sie so eine Angst überhaupt hatte, weil ihre Tochter doch zu jedem Zeitpunkt vollkommen gesund war. Am Ende des Aufnahmegespräches erzählte sie mir nur nebenbei, dass vor Jahren ihr jüngerer Bruder über Nacht verstorben war. Danach vereinbarten wir für die folgende Woche einen zweiten Termin.

Meine Klientin meinte gleich zu Beginn der zweiten Sitzung, sie habe erkannt, alles habe mit dem frühen Tod ihres Bruders mit Mitte zwanzig zu tun und wünschte sich eine Hypnose. Weil ich noch nicht das Gefühl hatte, dass sie stabil genug für eine Hypnose war, führten wir davor noch einige Beratungen durch und näherten uns allmählich dem wahren Grund Ihrer Angstzustände.

Ihr Bruder hatte vor Jahren eine lange, schwere Erkältung mit einem sehr hartnäckigen Husten und er bat sie abends telefonisch um ein Medikament, das sie ihm auch brachte. Sie versäumte aber nach eigener Aussage ihn zum Arzt zu schicken und den Husten medizinisch abklären zu lassen und in der folgenden Nacht starb er völlig überraschend. Nach dem Tod ihres Bruders wurde in Folge recht bald sein ganzes Zimmer ausgeräumt und über ihn wurde nie wieder gesprochen. Es war, als ob er nie gelebt hätte.

Mit der Zeit erkannte sie plötzlich, dass sie sich am Tod ihres Bruders schuldig fühlte, weil sie ihn nicht rechtzeitig zum Arzt geschickt hatte. Daher hatte sie jetzt nach der Geburt ihrer kleinen Tochter furchtbare Angst, dass sie nun als Strafe ihre kleine Tochter verlieren würde, genauso wie ihren Bruder über Nacht im Schlaf.

Ich riet meiner Klientin ganz dringend die Schuldgefühle für seinen Tod loszulassen und dafür die Trauer um ihren Bruder zuzulassen und weil inzwischen einige Sitzungen ins Land gegangen waren, vereinbarten wir ihre erste analytische Hypnose-Sitzung.

In dieser Sitzung suggerierte ich meiner jungen Klientin eine Wiese. Sie konnte sie gleich sehen und es ging ihr dort auch gut. Dann verstärkte sich ihr Atem, Gefühle von Trauer stiegen auf und sie meinte mit zittriger Stimme, ihren Bruder zu sehen.

Tatsächlich geschehen in ganz besonderen und einzigartigen Hypnosen manchmal Begegnungen mit Verstorbenen und da mir dies vertraut war, blieb ich ganz ruhig und ließ dem, was sich zeigen wollte, den Raum.

Ihr Bruder sah jung, gesund und glücklich aus und es gab für sie die Möglichkeit, mit ihm in Gedanken zu reden, ihn um Verzeihung zu bitten und ihn zu umarmen. Nach einer gewissen Zeit löste sich das Bild wieder auf, aber sie konnte sich davor gut von ihm verabschieden. Sie war nach der Hypnose noch sehr bewegt und ging ergriffen nach Hause. Die Angstzustände aber nahmen danach immer weiter ab. Wie ging es weiter?

Sie fuhr seit Jahren zum ersten Mal zum Grab ihres Bruders, stellte auf meine Empfehlung bei sich zuhause ein Bild ihres Bruders auf und zündete ihm ab und zu eine Kerze an. Sie las auf meine Anregung hin das wunderbare Buch »*Geborgen im Leben*« von Elisabeth Kübler-Ross und David Kessler und mit der Zeit verbesserte sich ihr Zustand immer mehr und mehr, bis die Angstzustände vollständig verschwanden.

Sie sehen, wie wichtig es ist, dass wir uns unserer Trauer stellen, sie leben und sie eben nicht verdrängen. Denn nur dann können unsere Wunden heilen und wir selbst wachsen zu dem Menschen, der wir eigentlich sein sollten, voller Liebe und Mitgefühl!

»Das Leben ist eine Leistung und der Tod setzt dieser Leistung nur ein Ende.«[12]

---

12   Elisabeth Kübler-Ross

Spiritualität – Ein Weg zum Frieden und zur inneren Freiheit

Als ganz kleines Mädchen habe ich mir immer die Frage gestellt, wo denn die Menschen hingehen, wenn sie sterben. Denn wenn alle in den Himmel gehen, ist dort bald kein Platz mehr. Jetzt als erwachsene Frau habe ich ein anderes Bild, einen anderen Glauben.

Übung

Bitte nehmen Sie sich ein Blatt Papier und einen Stift und stellen sich die folgenden Fragen:

- Glaube ich? Oder glaube ich nicht?
- Wenn ja, an was glaube ich?
- Und lebe ich den Glauben, den ich habe?
- Wo gehen wir hin, wenn wir nicht mehr sind?
- Wo sind unsere lieben Angehörigen, die schon gestorben sind? Sind sie im Himmel? Inkarnieren sie wieder? Gibt es einfach gar nichts mehr, wenn wir sterben?

Ich glaube daran, dass wir alle in diesem Leben sind, um etwas zu lernen. Vielleicht klüger, weiser und mitfühlender zu werden und wenn wir unsere Aufgabe, wie immer die auch sei, erfüllt haben, können wir gehen.

Seit vielen Jahren ist meine feste Überzeugung dass es immer weiter geht. Leben nach Leben, Erfahrung nach Erfahrung, manchmal kurz, manchmal lang, aber es geht immer weiter. Ich habe schon oft Menschen getroffen, die mir schlagartig so vertraut waren, dass ich es mir nicht erklären konnte. So wie wenn man sich von früher kennt, dieses aber nicht mehr weiß. Und auch das Gegenteil habe ich auch schon erlebt, die spontane Abneigung und das Gefühl, jetzt aufpassen zu müssen.

Vielleicht ist dies alles nur Einbildung, vielleicht aber auch kennen wir diese Personen aus einem anderen Leben und eine gemeinsame Aufgabe ist noch offen. Ganz wissen wir es erst dann, wenn wir die Erfahrung von Leben und Tod gemacht haben. Bis dahin können wir nur glauben, nicht wissen.

Was ich aus eigener Erfahrung aber Ihnen an dieser Stelle schon sagen kann ist, dass es auch dadurch leichter ist, mit dem Tod von engen Angehörigen umgehen zu können, wenn wir ein Bild haben, wo sie jetzt sind.

Wenn wir hoffen können, dass es ihnen gutgeht, dort wo sie sind und auch die Hoffnung haben, sie wiederzusehen, wenn nicht in diesem, dann in einem anderen Leben!

Meine eigene Geschichte zum Schluss

Ich hätte eigentlich einen großen Bruder, aber er kam vier Jahre vor mir als Totgeburt auf die Welt und meine Mutter hat dies, glaube ich, nie ganz verarbeitet. Als ich dreiunddreißig Jahre alt war, starb sie an Bauspeicheldrüsenkrebs und es war einfach nur furchtbar damals. Ich habe wirklich gedacht, die Welt müsse stehen bleiben, weil sie in dem Moment für mich stehengeblieben ist, als meine Mutter starb. Zum Glück hatte ich noch meinen Vater, der schon im Pflegeheim war und seinen Bruder, meinen Onkel und meine Tante, die mir tatkräftig unter die Arme griffen und mich unterstützten. In den nächsten vier Jahren wuchs ich ganz eng mit meinem Vater zusammen und erkannte erst da, wie wichtig ich ihm war und wie sehr er mich liebte. Ich glaube, es war ein Zeichen seiner Liebe, dass gerade ich die letzten Stunden an seinem Bett sitzen durfte. Dass ich bei ihm sein konnte, als er seinen letzten Atemzug machte, um sich dann auf seine letzte große Reise zu machen. Ich bin bis heute unendlich dankbar dafür und es erleichterte mir die Trauer um ihn sehr, auch wenn ich damit mit einem Schlag gar keine Eltern mehr hatte. Nur drei Jahre später lernte ich meinen Mann kennen. Mit der Heirat mit ihm bekam ich eine große französische Familie geschenkt und wir sind heute schon fünfzehn Jahre glücklich verheiratet.

Ich glaube, alles im Leben hat einen Sinn!

Wenn heute Klienten in meine Praxis kommen und von der Trauer um den Tod ihres Partner erzählen, kann ich mich gut einfühlen, denn ich weiß aus eigener Erfahrung, was sie meinen. Ich kann mich gut in sie hineinversetzen und ich kann Ihnen versichern, dass die Trauer mit der Zeit leichter und besser zum Aushalten wird. Vergessen wird man unsere lieben Verstorbenen nie, aber das soll man ja auch nicht. Stets versuche ich, sie zu ermutigen, ihr Leben wieder zu leben, und zwar nicht trotz des Todes Ihres geliebten Menschen, sondern für sie: *„Ihnen zur Freude und Ihnen zur Ehre"*.

Ich glaube daran, dass es meiner Mutter, meinem Vater und meinem Bruder, egal wo sie jetzt sind, gut geht und dass sie sich freuen, wenn Ihrer Tochter bzw. Schwester ihr Leben genießt und für sich sorgt.

Natürlich freue ich mich darauf, sie alle einmal wieder zu sehen, aber bis dahin versuche ich jeden Tag aufs Neue, ein glückliches, entspanntes und freies Leben zu führen.

Nachwort

Ich danke allen meinen Klienten, meinen Studenten und meinen Kursteilnehmern für ihr Vertrauen, ihre Offenheit und ihren Mut. Sie haben sich immer wieder aufs Neue auf sich selbst eingelassen und mir wieder und wieder bedingungslos vertraut.

Ich danke meinem Mann, der mit einer Engelsgeduld sich als der beste Lektor der Welt herausgestellt hat und der mich seit Wochen und Monaten sehr mit diesem Buch und dem Laptop teilen musste.

Und ich danke meiner ganzen Familie, wo immer sie auch gerade sein mag, für alles was ich geschenkt bekommen habe, und für alles was ich durch sie auch werden durfte!

In Liebe und Verbundenheit

Ihre Barbara Michaela Hux

LITERATURHINWEISE

- *Die Regeln des Glücks*, von Dalai Lama
- *Achtsamkeit für Anfänger*, von Jon Kabat Zinn
- *Stressbewältigung*, von Prof. Dr. Gert Kaluza
- *Entspannung als Therapie*, von Edmund Jacobson
- *Praxis des Autogenen Trainings*, von Dr. Dr. phil. Klaus Thomas D.D.
- *Die klientenzentrierte Psychotherapie*, von Carl R.Rogers
- *Mobbing – Psychoterror am Arbeitsplatz*, von Heinz Leymann
- *Wenn aus Kollegen Feinde werden...*, Bundesanstalt für Arbeitsschutz und Arbeitsmedizin
- *Selbsthypnose*, von Leslie M. Lecron
- *Das große Handbuch der Hypnose*, von Werner J. Meinhold
- *Geborgen im Leben*, von Elisabeth Kübler Ross und David Kessler
- *Interviews mit Sterbenden*, von Elisabeth Kübler Ross
- *Von den Illusionen einer unbeschwerten Kindheit und dem Glück, erwachsen zu sein*, von Dr. med. Albrecht Mahr